AF311655

ARTICLES, STATUTS, ORDONNANCES ET REGLEMENS

De la Communauté des Gardes-Jurés , anciens Bacheliers & Marchands Verriers, Maîtres Cou-vreurs de Flacons & Bouteilles en ofier , Fayance & autres efpéces & Marchandifes de Verre , de de la Ville , Fauxbourgs , Banlieuë , Prevôté & Vicomté de Paris.

A PARIS,

Chez PIERRE-GUILLAUME SIMON , Imprimeur du Parlement, rue de la Harpe, à l'Hercule.

M. DCC. XLII.

LETTRES PATENTES DU ROY,

Portant confirmation des Statuts & Ordonnances de la Communauté des Marchands Verriers-Fayanciers, Couvreurs de Flacons & Bouteilles en ofier, de la Ville & Fauxbourgs de Paris.

Données à Paris au mois de Février 1659.

OUIS par la grace de Dieu Roy de France & de Navarre : A tous préfens & à venir, SALUT. Nos chers & bien-amez les Gardes-Jurés, anciens Bacheliers & Maîtres de la Communauté des Verriers, Couvreurs de Flacons & Bouteilles en ofier, Fayance & autres efpéces & Marchandifes de Verre de notre bonne Ville, Fauxbourgs, Banlieuë, Prevôté & Vicomté de Paris, Nous ont très-humblement fait remontrer, que comme l'Induftrie de leur Art en a heureufement imité la fcience, & que par leur fecours commun ils ont merité l'admiration des Nations les plus éloignées, jufqu'à tel point, qu'elles recherchent le négoce de leurs Marchandifes & Ouvrages, à l'avantage de notredite Ville. Ils ont auffi été obligés de faire dreffer de nouveaux Statuts, conformes à l'ufage qu'ils ont introduit en ladite Communauté, fur les anciennes Ordonnances que le feu Roy Henry IV. notre Ayeul, leur accorda dès le mois de Mars 1600. regiftrées en notre Parlement de Paris le douzieme May enfuivant, afin que le Public en reffente les effets, qu'en leur particulier ils ayent lieu de vivre fous la douceur d'une Police certaine, & que tous nos Peuples n'ayent plus la crainte d'être envelopés dans les abus que la fuite des fiecles paffés leur a fait éprouver, même ils Nous ont fait voir qu'ils n ont jamais manqué de Nous fecourir dans les néceffités de notre Etat, & qu'ils n'ont pas feulement expofé leurs perfonnes lorfqu'il s'agiffoit de la confervation du repos de notredite Ville, mais encore qu'ils ont tiré des deniers de leurs bourfes qu'ils ont porté à notre Epargne, afin de mériter l'honneur de notre bienveillance, enforte qu'ils Nous ont requis nos Lettres néceffaires pour le fuccès defdits nouveaux Statuts. A CES CAUSES, après les avoir renvoyes par Arrêt de notre Confeil du 30 Avril 1658. à notre Prevôt de Paris, ou fon Lieutenant Civil, & à notre Procureur au Châtelet dudit lieu, pour Nous donner leurs Avis fur iceux, & que le deuxiéme Décembre ils Nous en ont fait reconnoître l'équité: De l'Avis de notre Confeil qui a vû la Requête que les prédéceffeurs des Expofans préfenterent audit feu Roy Henry IV. de glorieufe mémoire, notre Ayeul, au mois de Janvier 1600. pour obtenir la conceffion de leurs Statuts; Les Lettres de renvoi d'iceux audit Prevôt de Paris & à notre Procureur audit Châtelet, pour y donner leurs Avis, du dix dudit mois; l'Avis intervenu fur iceux le deuxiéme Mars en ladite année. Relief d'adreffe à notre Parlement, pour en faire l'Enregiftrement, du vingt-troifieme enfuivant. L'Enregiftrement en icelui, fur les Conclufions de notre Procureur General, du douziéme May de la même année. Quittance de quarante livres qu'ils ont payee entre les mains du Tréforier des Parties Cafuelles, à caufe de l'Avénement à la Couronne du défunt Roy, de glorieufe mémoire, notre très-honoré Seigneur & Pere, le feiziéme Juin 1612. Autre Quittance de la fomme de mille livres que lefdits Expofans ont payee aufdites Parties Cafuelles pour notre Avenement à la Couronne, le 7 Mars 1644. Autre Quittance de pareille fomme de mille livres qu'ils ont financée à notre Epargne le vingt-cinquiéme May de ladite année 1658. pour jouir de la fuppreffion des Lettres qui avoient accoutumé d'être accordées en confidération des Avenemens des Rois à la Couronne, Majorités, Mariages, Entrées dans les Villes, Naiſſances de Dauphins, Enfans de France & Premier Prince du Sang : Comme auſſi pour le Couronnement, Entrées & Régence des Reines & de toutes autres, pour quelque cauſe & occaſion que ce ſoit, ſuivant notre Déclaration du vingtiéme Août 1657. Regiſtrée en notredit Parlement le quatriéme Septembre enſuivant ; leſdits nouveaux Statuts, l'Arrêt de notredit Conſeil, du trentiéme dudit mois d'Avril 1658. portant renvoi pour avoir avis ſur icelui, ledit avis du dixiéme Décembre de ladite année, le tout ci-attaché ſous le contre-ſcel de notre Chancellerie, de nos grace ſpeciale, pleine puiſſance & autorité Royale. NOUS avons par ces Préſentes ſignées de notre main, Avons dit, ſtatué & ordonné, diſons, ſtatuons & ordonnons, voulons & Nous plaît, que leſdits Statuts, au nombre de trente-ſix Articles, ſoient dorénavant exécutés ſelon leur forme & teneur. SI DONNONS EN MANDEMENT à nos amez & feaux Conſeillers, les Gens tenans notre Cour de Parlement de Paris, Prevot dudit lieu ou ſon Lieutenant, & autres nos Officiers qu'il appartiendra, que ceſdites Préſentes ils faſſent lire, publier & regiſtrer, icelles obſerver & garder de point en point ſelon leur forme & teneur, & leſdits Expoſans joüir & uſer pleinement deſdits Statuts à toujours & perpétuellement, contraignant de ce faire, ſouffrir & obéir tous ceux qu'il appartiendra. CAR tel eſt notre plaiſir ; & afin que ce ſoit choſe ferme & ſtable à toujours, Nous avons fait mettre notre Scel à ceſdites Preſentes, ſauf notre droit en autre choſe & l'autrui en toutes. DONNE'ES à Paris au mois de Février, l'an de grace mil ſix cent cinquante-neuf, & de notre Regne le ſeizieme. Signé, LOUIS. *Et ſur le repli*, Par le Roy en ſon Conſeil, DE GUENEGAUD, Et ſcellées du grand Sceau de cire verte, ſur lacs de ſoye rouge & verte.

Regiſtrées, oüi & ce requerant le Procureur Général du Roy, pour être exécutées, & joüir par les Impétrans de l'effet & contenu en icelles, ſelon leur forme & teneur, aux charges portées par l'Arrêt de ce jour. A Paris en Parlement le premier Juillet mil ſix cent cinquante-neuf. Signé, DUTILLET.

ARTICLES,

STATUTS , ORDONNANCES ET REGLEMENS, de la Communauté des Gardes-Jurés, anciens Bacheliers, & Marchands Verriers, Maîtres Couvreurs de Flacons & Bouteilles en ofier, Fayance & autres efpeces & Marchandifes de Verre de la Ville , Fauxbourgs , Banlicuë , Prevôté & Vicomté de Paris : Tirés des anciens Statuts de ladite Communauté , accordés par Lettres Patentes du feu Roy , de glorieufe mémoire , Henry IV. du mois de Mars 1600. Regiftrées au Châtelet de Paris le vingt dudit mois, fur l'avis des Lieutenant Civil & Procureur de Sa Majefté en icelui , & vérifiées en Parlement le douziéme May enfuivant.

Par Me René HARENGER , Avocat en Parlement & aux Confeils d'Etat & Privé du Roy.

ARTICLE I.

LA fuite des tems a heureufement fait connoître que les Marchands Verriers , Maîtres Couvreurs de Flacons & Bouteilles en ofier , Fayance & autres efpeces & Marchandifes de Verre , de la Ville , Fauxbourgs, Banlieuë , Prevôté & Vicomté de Paris , ont toujours été foigneux de conferver en leur negoce les véritables marques d'un honneur incorruptible , & que la fidélité a fecondé dans les Manufactures de leurs ouvrages , les belles idées de leurs premieres réfolutions , de forte que comme l'un les a rendus récommandables , l'autre leur a fait mériter des applaudiffemens des Peuples : Et afin de leur donner fujet de s'y maintenir glorieufement, tous leurs Procès, differends & conteftations demeureront en la Jurifdiction dudit

Châtelet en premiere Inftance, & par appel audit Parlement, pour quelque caufe, fujet & conteftation que ce puiffe êtie.

I I.

Suivant le premier Article des Statuts de ladite Communauté du mois de Mars 1600. & en confideration de la Finance qu'elle paya des-lors en faveur du feu Roy Henry IV. furnomme le Grand, tous ceux qui en ont jufqu'à prefent conduit le negoce, jouiront de leurs droits, feront maintenus en leurs franchifes & demeureront dans leur rang ordinaire, fans reftriction ni changement quelconques.

I I I.

En expliquant le deuxiéme Article defdits Statuts du mois de Mars 1600. Nul ne pourra être reçû Maître dudit Art, qu'il n'ait fait fon Apprentiffage de la maniere qui fera ci-après declaree, & que de fes propres mains il n'ait fait le chef-d'œuvre, pour le regard feulement de la Couverture des Flacons, Bouteilles & autres efpeces que les Jurés leur auront prefcrit.

I V.

Nonobftant le troifiéme Article defdits Statuts du mois de Mars 1600. les Apprentifs feront obligés pardevant Notaires dudit Châtelet de Paris, en préfence defdits Jurés, pour cinq années entieres, puis ferviront les Maîtres deux autres années en qualité de Compagnons, & pourront par ce moyen parvenir à la Maîtrife dudit Art, attendu l'experience & connoiffance entiere qu'ils y auront acquife.

V.

Les Maîtres ne pourront prendre d'Apprentifs que le tems de cinq années porté par les Brevets de ceux qu'ils auront à leur fervice, ne foit expiré, comme il eft déclaré par le huitiéme Article defdits Statuts du mo's de Mars 1600.

V I.

Chacun defdits Maîtres ne pourra prendre ni obliger aucun Apprentif, qu'après cinq ans qu'il aura eté reçû Maître de ladite Communauté.

V I I.

Et conformément aux quatre & dixiéme Articles defdits Statuts du mois de Mars 1600. en cas du decès du Maître, l'Apprentif pourra achever le refte de fon tems fous la veuve, qui pendant fa viduite feulement, jouira du Privilege de tenir Boutique ouverte & faire le negoce dudit Art ; ainſi que ſi ſon mari étoit vivant.

VIII.

Le cinquiéme Article deſdits Statuts ſera inviolablement exécuté ; & pour y ſatisfaire, après que l'Aſpirant aura parachevé, chez l'un deſdits Jurés, le Chef-d'œuvre qu'ils lui auront preſcrit, il ſera dans les vingt-quatre heures après porté en la Chambre du Procureur de Sa Majeſté audit Châtelet, prêtera Serment pardevant lui, ſatisfera aux droits, tant deſdits Jurés, que de tous autres ordinaires, & prendra Lettre Domaniale.

IX.

Tous ceux qui ſeront reçûs Maîtres de ladite Communauté donneront dix livres à la Boëte de la Confrairie, à la réſerve des fils de Maîtres que l'on diſpenſera de délivrer plus de trois livres, en conſidération de leurs naiſſances & des ſervices que leurs peres ont pû rendre ou pourront faire en faveur de ladite Communauté.

X.

Les Maîtres dudit Art auront la faculté de faire façonner * & enjoliver ſur les Fayances & autres Ouvrages dépendans de leur Art, tout ce qu'ils eſtimeront à propos pour la ſatisfaction, la curioſité & le contentement du Public.

* Et garnir en or, argent & autre métail, comme il eſt interprété par l'Arrêt de la Cour de Parlement du 18 Décembre 1711. rendu concurremment avec les Marchands Merciers.

XI.

Défenſes & inhibitions très-expreſſes ſeront faites à toutes perſonnes, de telles qualités & conditions qu'elles puiſſent être, de ſe mêler, entremettre, ni faire l'Art, Trafic & Négoce de ladite Communauté, s'il n'en a été reçû Maître, ſuivant qu'il eſt porté par le ſixieme Article deſdits Statuts du mois de Mars 1600.

XII.

Suivant le ſeptiéme Article deſdits Statuts, pareilles défenſes ſeront faites à toutes perſonnes de colporter ou faire colporter aucunes Marchandiſes ni Ouvrages dudit Art, par les rües ou dans les maiſons de ladite Ville, Fauxbourgs, Banlieuë, Prevôté & Vicomté de Paris, ſi elles n'ont été admiſes à la Maîtriſe, à peine de punition exemplaire.

XIII.

Aux termes du neuviéme Article deſdits Statuts, les enfans

deſdits

defdits Maîtres feront une expérience telle que lefdits Jurés leur ordonneront, afin de conferver la gloire de ladite Communauté, & faire connoître que l'ignorance en doit être abfolument bannie, fans que lefdits enfans puiffent tenir lieu d'Aprentifs à leurs peres, & toutefois pourront être confiderés tels, fi quelques Maîtres de ladite Communauté les obligent envers eux.

X I V.

Pour fuivre la juftice du onziéme Article defdits Statuts, & en interprétant icelui, tous Marchands Forains qui ameneront en ladite Ville, Fauxbourgs, Banlieuë, Prevôté & Vicomté de Paris, toutes fortes de Verres communs, nuds, Flacons, Bouteilles couvertes d'ofier & Marchandifes dépendantes dudit Art, feront tenus, après les avoir fait décharger en leurs Hôtelleries ordinaires, d'en donner avis aufdits Jurés, pour en faire la vifite ; & dans les vingt-quatre heures les Maîtres de ladite Communauté en pourront faire l'achat fi bon leur femble.

X V.

En interprétant pareillement le douziéme Article defdits Statuts, après la vifite defdites Marchandifes, lefdits Marchands Forains feront tenus de faire icelles tranfporter aux Halles, pour y demeurer vingt-quatre heures, fans les pouvoir colporter ou faire colporter en ladite Ville, Fauxbourgs, Banlieuë, Prevôté & Vicomté de Paris, à peine de confifcation & d'amende arbitraire.

X V I.

Si dans lefdites vingt-quatre heures lefdits Forains n'ont débité leurs Marchandifes, le prix d'icelles fera mis par les Lieutenant Civil & Procureur de Sa Majefté audit Châtelet, en premiere Inftance.

X V I I.

Lefdits Maîtres ne pourront acheter au-delà des vingt lieuës, que la Marchandife faite & fabriquée feulement.

X V I I I.

Afin que les ordres que l'ufage a jufqu'à préfent fait heureufement introduite en ladite Communauté foient ponctuellement exécutés, il y aura quatre Jurés dudit Art, dont deux feront annuellement élûs le quinziéme du mois de Décembre, pardevant le Procureur de Sa Majefté audit Châtelet, les deux for-

B

tans rendront compte un mois au plus , après leur tems achevé , à peine d'être déchûs de ce qui leur pourroit être dû, &
les Vifites accoutumées feront faites exactement , fuivant le
treiziéme Article defdits Statuts du mois de Mars 1600. par
lefdits Jurés en Charge , fans qu'ils foient tenus d'obtenir autres permiffions ni *pareatis* des Hauts-Jufticiers ou autres , attendu qu'il s'agit d'un fait de Police , dont la connoiffance appartient au feul Prevôt de Paris.

X I X.

En interprétant le quatorziéme Article defdits Statuts du
mois de Mars 1600. Défenfes feront faites aufdits Jurés de
n'entreprendre aucune Inftance , Procès ni differends, en cas
d'appel , fans l'avis & confentement exprès des Bacheliers &
anciens Maîtres de ladite Communauté.

X X.

Le quinziéme Article defdits Statuts eft fi conforme au culte
divin & à la dévotion que l'on doit religieufement garder , pour
les jours recommandés par l'Eglife , que très-expreffes défenfes
& inhibitions feront faites aux Maîtres dudit Art , de n'étaler ,
vendre , colporter ou fairé colporter aucunes Marchandifes en
ladite Ville , Fauxbourgs , Banlieuë , Prevôté & Vicomté de Paris , les Dimanches & les autres Fêtes de Commandement , à
peine de confifcation & d'amende arbitraire.

X X I.

Comme il eft déclaré par le feiziéme Article defdits Statuts ;
il fera très-expreffément défendu aux Maîtres Chandeliers ,
Graiffiers & autres , de fe mêler de l'Art defdits Marchands
Verriers & Maîtres Couvreurs de Flacons & Bouteilles en ofier ,
Fayances & autres efpeces * & Marchandifes de Verre , ni de
vendre des Flacons , Bouteilles couvertes & non-couvertes , non
plus que des autres efpeces de Verre , provenans, tant de l'induftrie , que de la fcience de Verrerie , nonobftant toutes Lettres de Regraterie , Haut-ban , Arrêts , Reglemens & Déclarations au contraire , que Sadite Majefté révoquera en confidération des fecours que les Roys fes Prédéceffeurs & Elle ont reçû
defdits Maîtres , dans toutes les occafions néceffaires, pour la
confervation de l'Etat.

X X I I.

Quoique défenfes ayent été faites aufdits Maîtres de vendre,

étaler ni débiter de leurs Marchandiſes aux jours de Dimanches & Fêtes commandées : Néanmoins pour faciliter le be-
ſoin que les peuples ont de leur Art, il leur ſera permis de le faire
aux Fêtes de S. Laurent, de S. Germain & autres, où les Foi-
res ſont ſouffertes, & non autrement.

X X I I I.

Conformément au dix-ſeptiéme Article deſdits Statuts du
mois de Mars 1600. Sadite Majeſté fera très-exprès Commandement auſdits Maîtres de mettre aux Flacons & Bouteilles, de
bonnes cordes à trois cordons, & des bouchons faits de bon
chanvre ou d'étoupes bien nettes ; & en cas qu'il s'en trouve
d'étoupe de lin, ou autres immondices capables de gâter, em-
puantir & faire tourner le Vin, leſdits Maîtres ſeront condamnés en l'amende & leurs Marchandiſes confiſquées.

X X I V.

Il ſera enjoint aux Marchands Forains de ne faire apporter
aucuns Flacons, Bouteilles ou autres Vaiſſeaux couverts d'oſier,
en ladite Ville, Fauxbourgs, Banlieuë, Prevôté & Vicomté
de Paris, qu'ils ne ſoient couverts de bon oſier, franc & coupé
dans la ſaiſon, & non d'autres, à peine de confiſcation & d'a-
mende arbitraire, ſuivant le dix-huitiéme Article deſd. Statuts.

X X V.

Si quelques Apprentifs ou Compagnons dudit Art, abuſent
des femmes, des veuves, des filles, des nieces, couſines, paren-
tes, ou des ſervantes de leurs Maîtres, ils ſeront dès-à-préſent
declarés déchûs de pouvoir parvenir à ladite Maîtriſe, & ſeront
inceſſamment pourſuivis en Juſtice, pour en être fait une punition exemplaire.

X X V I.

L'Apprentif de ladite Ville de Paris, épouſant une fille de
Maître, ne ſera tenu qu'à une legere experience, qui lui ſera
donnée par leſdits Jurés, pour parvenir à ladite Maîtriſe, &
mettra en la Boëte de ladite Communauté la ſomme de cent
cinquante livres pour toutes choſes, à la réſerve des droits ordinaires qu'il payera auſdits Jurés.

X X V I I.

Défenſes ſeront faites auſdits Maîtres de vendre de leurs
Marchandiſes & Ouvrages auſdits Maîtres Chandeliers, à peine de cent livres d'amende, applicables à l'Hôpital Général
des Pauvres.   B ij

XXVIII.

LEs droits des Vifites des Marchandifes Foraines feront réglés par Juftice , avec défenfes aufdits Jurés d'en exiger davantage , à peine de concuffion.

XXIX.

Pour fatisfaire au dix-néuviéme Article defdits Statuts du mois de Mars 1600. lefdits Maîtres folemniferont en la maniere accoutumée les Fêtes du très-Glorieux S. Clair leur Patron , qui échéent au mois de Juillet & Novembre : Ils n'ouvriront ces jours leurs Boutiques, ni ne feront action de leur Art, mais affifteront au Service Divin, que ladite Communauté fait ordinairement célébrer , & fe comporteront avec toute révérence, refpect & honneur, à peine d'amende.

XXX.

Il y aura quatre Adminiftrateurs de la Confrairie de S. Clair, dont deux feront tous les ans , le lendemain de ladite Fête , nommez à la pluralité des voix des anciens Bacheliers & Maîtres de Confrairie feulement, en la maniere accoutumée.

XXXI.

A cet effet, & pour rendre l'adminiftration de ladite Confrairié plus confidérable, nul ne pourra être dorénavant Juré qu'il n'ait été Adminiftrateur d'icelle.

XXXII.

Les Apprentifs feront tenus, le propre jour que leur Brevet aura été paffé, de donner à ladite Confrairie cent fols, & pareille fomme de cent fols à la Boëte de ladite Communauté, pour faire fonds pour les frais des affaires d'icelle, à peine de ne pouvoir parvenir à ladite Maîtrife.

XXXIII.

Les Maîtres de ladite Communauté feront obligés d'avertir lefdits Jurés de toutes les malverfations qu ils découvriront au préjudice dudit Art, à peine d'amende arbitraire, ainfi qu'il eft ordonné par le vingtiéme Article defdits Statuts du mois de Mars 1600.

XXXIV.

Sa Majefté n'eut pas fi-tôt fupprimé toutes Lettres en faveur des Communautés des Marchands, Négocians, Trafiquans & Artifans de fon Royaume , & particulierement de fa bonne Ville de Paris, par la Déclaration du vingtiéme Août 1657.

Regiftrée en fon Parlement de Paris le quatriéme Septembre enfuivant, que lefdits Maîtres, pour en mériter l'exécution à leur égard, ont financé en fes coffres la fomme de mille livres, fuivant la quittance de fon Tréforier de l'Epargne, du vingt-cinquiéme May 1658. Et ainfi afin qu'ils ne foient pas fruftrés de cette grace, leur Communauté demeurera dés-à-préfent exempte & déchargée de toutes Lettres qui avoient accoutumé de s'accorder en confidération des Avenemens des Roys à la Couronne, Majorités, Mariages, Entrées dans les Villes, Naif-fances de Dauphins, Enfans de France & Premier Prince du Sang, Couronnemens, Entrées & Régences des Reynes, & de toutes autres généralement quelconques, pour quelques caufes & occafions que ce foient, conformément à ladite Déclaration, pour en joüir paifiblement, nonobftant toutes Lettres au con-traires, que Sadite Majefte révoquera d'abondant, & fans qu'il foit befoin de Réglement ni Mandement plus exprès.

X X X V.

Par la même confideration de ladite Finance, nul Privilegié dudit Art ne pourra tenir Boutique ouverte en ladite Ville, Fauxbourgs, Banlieuë, Prevôté & Vicomté de Paris, qu'il n'ait fait expérience en préfence defdits Jurés, comme il a été jugé par Arrêt contradictoire du Confeil de Sadite Majefté, du vingt-huit Janvier 1625.

X X X V I.

Et pour foulager en quelque façon les peines continuelles defdits Jurés, ils feront déchargés de toutes Commiffions ordi-naires & extraordinaires de Juftice & de Ville, pendant qu'ils feront en Charge feulement.

VEU PAR NOUS DREUX DAUBRAY, Confeiller du Roy en fes Confeils, & Lieutenant Civil en la Prevôté & Vicomté de Paris : Et Armant Jean & Riants, auffi Confeiller du Roy en fes Confeils & fon Procureur au Châtelet, Les nou-veaux ftatuts ci-deffus dreffés par la Communauté des Mar-chands Verriers, Maîtres Couvreurs de Flacons & Bouteilles en ofier, Fayance & autres efpeces & Marchandifes de Verre, de la Ville & Fauxbourgs de Paris, contenant trente-fix Arti-cles, les anciens Statuts de ladite Communauté.

NOTRE AVIS EST, fous le bon plaifir du Roy, que Sa Majefte peut accorder aufdits Verriers lefdits nouveaux Statuts, n'y ayant rien de préjudiciable au Public. FAIT ce dixiéme Décembre 1658. Signé, DAUBRAY, & DE RIANTS.

Regiftrées oüi ce requerant le Procureur général du Roy, pour joüir par les impetrans de l'effet y contenu felon leur forme & teneur, aux charges portées par l'Arrêt de ce jour. A Paris en Parlement le premier Juillet mil fix cent cinquante-neuf. Signé, Du TILLET.

Quittance du Tréforier des Parties Cafuelles , pour les Droits dûs à Sa Majefté , à caufe de fon avenement à la Couronne.

J'AY reçû des Maîtres, Jurez Couvreurs de Flacons & Bouteilles, & Marchands Verriers à Paris, la fomme de mille livres à laquelle ils ont été taxés au Confeil du Roy, pour le droit de confirmation dû à Sa Majefté , à caufe de fon avenement à la Couronne , à caufe de leurs Privileges, fuivant la Déclaration du 14. Octobre dernier. FAIT à Paris le feptiéme jour de Mars mil fix cent quarante-quatre.

Quittance du Tréforier des Parties Cafuelles , de la fomme de mille livres. DE FLANDRES.

Au Rolle du 22. Décembre 1643.
Enregiftrée au Controlle Général des Finances , par moi fouffigné, à ce commis par Monfieur d'Hemery, Confeiller au Confeil d'Etat, & Controlleur Général des Finances de France. A Paris ce feptiéme jour de Mars mil fix cent quarante-quatre. Signé , LANCHENU.

Quittance du Tréforier de l'Epargne , pour joüir de l'Exemption des Lettres de Maîtrife de l'Art des Verriers , Fayanciers , Couvreurs de Flacons & Bouteilles en Ozier.

J'AY CLAUDE DE GUENEGAUD, Seigneur du Pleffis-Belleville, Confeiller du Roy en fes Confeils, Tréforier de fon Epargne: Confeffe avoir reçû comptant en la Ville de Paris, de Mefffieurs Marin Regnault, PierreDangreville, François Chamois & Etienne Ronffin, Maîtres Jurés de la Communauté des Verriers, Bouteilliers & Fayanciers de ladite Ville de Paris, la fomme de mille livres en Louis d'argent & autre monnoye ayant cours, à laquelle fomme ladite Communauté a été taxée, pour joüir du bénéfice de la difpenfe à eux accordée, pour être exempts de recevoir ci-après aucuns Maîtres de ladite vacation, fur les Lettres qui ont accoutumé d'être accordées en confidération des Avenemens des Roys à la Couronne, Majorités, Mariages, Entrées dans les Villes, Naiffances de Dauphins, Enfans de France & Premier Prince du Sang : Comme auffi pour le Couronnement, Entrées & Régences des Reines & de toutes autres, pour quelque caufe & occafion que ce foit, fuivant la Déclaration du Roy du vingtiéme Août 1657. regiftrée en Parlement le quatriéme Septembre enfuivant, & l'Arrêt du Confeil du   jour de   icelledite fomme de mille livres à moi ordonnée pour employer au fait de ma Charge, de laquelle je me tiens content & en quitte lefdits Regnault, Dangreville, Chamois & Ronffin fufnommés,& tous autres. FAIT à Paris le vingt-cinquiéme jour de May mil fix cens cinquante-huit. Signé, DE GUENEGAUD.

Enregiftrée au Contrôle général des Finances, par moi Confeiller du Roy en fes Confeils, & Contrôleur Général des Finances de France, fouffigné. A Paris le premier jour de Juin 1658. Signé, LE TONNELIER.

EDIT DU ROY,

Portant Erection & Création des Articles, Statuts & Réglemens de la Communauté des Maîtres Patenôtriers - Boutonniers d'Email, de la Ville & Fauxbourgs de Paris.

CHARLES par la grace de Dieu Roy de France : A tous préfens & à venir, SALUT. Nos chers & bien amez les Ouvriers & Communauté des Maîtres Patenôtriers & Boutonniers d'Email de notre bonne Ville & Fauxbourgs de Paris, Nous ont ci-devant, par leur Requête, à Nous & notre Conseil Privé, presentée le 13 Avril dernier, fait dire & remontrer que pour obvier aux usurpations & entreprises qui se font & commettent journellement sur ledit Mêtier, par les autres mêtiers Jurés de notredite Ville dont se mouvoit infinité débats, procès & differends, il étoit grandement requis & nécessaire que ledit Mêtier de Patenotrier & Boutonnier d'Email fût juré, visité & policé comme les autres Métiers Jurés d'icelle Ville ; sur quoi par nos Lettres Patentes dudit jour, Nous aurions mandé à notre Prevôt de Paris ou ses Lieutenans Général & Particulier, & chacun d'eux premier sur ce requis, que appellé notre Procureur audit lieu, ils eussent à Nous donner & envoyer leur Avis sur le contenu en ladite Requête & cahier d'Ordonnance y attaché, pour icelui vû & rapporté pardevers Nous & les Gens de notredit Conseil Privé, être pourvû ausdits Supplians ainsi qu'il appartiendra par raison, comme plus à plain le contiennent nosdites Lettres, qui auroient depuis été portées à nos amez & féaux Conseillers Messires Nicolas Lhuillier, Lieutenant Civil, Thomas de Bragelongne, Lieutenant Criminel & Martin de Bragelongne, Lieutenant Particulier de ladite Prevôté & Vicomté, lesquels ensemble nos Avocat & Procureur audit lieu, Nous auroient donné & envoyé leur avis, tant sur ledit cahier d'Articles, que ladite Requête, desquels Articles la teneur ensuit.

ARTICLE I.

Que tous les Ouvriers dudit Mêtier, qui à présent en besognent depuis six ans en cettedite Ville & Fauxbourgs de Paris, soient reçûs & passés Maîtres s'ils le requierent, en faisant chef-d'œuvre dudit Mêtier.

II.

Item. Que nul ne soit reçû à la Maîtrise dudit Mêtier en ladite Ville & Fauxbourgs de Paris, s'il n'a été Apprentif sous les Maîtres de ladite Ville ou autres Villes jurées, le tems & espace de cinq ans entiers, & s'il n'a servi les Maîtres ledit tems.

III.

I I I.

Item. Qu'auparavant que bailler par lesdits Jurés chef-d'œuvre à ceux qui voudront aspirer à ladite Maîtrise, seront tenus de s'enquerir de leurs bonnes vies, par les Maîtres lesquels ils auront servi & fait leur Apprentissage, pour selon le rapport qu'ils en auront eu, leur ordonner ledit chef.d'œuvre ou les en refuser.

I V.

Lequel chef-d'œuvre, après ladite inquisition faite, seront tenus les Compagnons qui aspireront à ladite Maîtrise, faire en la maison de l'un des Jurés, tel qu'il sera divisé, & icelui fait & parfait, en feront lesdits Jurés leur rapport en la Chambre du Procureur du Roy au Châtelet, dedans les vingt-quatre heures, après lequel fera faire le serment pour ce dû & accou_tumé à ceux qui auront été rapportés suffisans, & payera celui qui aura été reçû Maître à ladite Maîtrise, vingt sols parisis au Roy, & aux Jurés pour leurs peines, salaires & vacations pour avoir assisté à voir faire ledit chef-d'œuvre, chacun douze sols parisis.

V.

Nul ne sera fait Maître dudit état en cette Ville & dresser ouvroir dudit Art & Métier, s'il n'a été reçû & institué audit Métier, par la forme & maniere devant déclarée, sur peine de vingt livres parisis d'amende, applicables le tiers au Roy, l'autre tiers aux Pauvres, & l'autre tiers aux Jurés dudit Métier.

V I.

Item. Ne pourront souftraire les Apprentifs les uns des autres, ne retirer & bailler à besogner aux Compagnons & Serviteurs dudit Métier, que premierement ils ne soient enquis des Maîtres chez lesquels lesdits Apprentifs auront fait leur dernier service, des causes pour lesquelles ils auront laissé leur service, sur peine de dix livres parisis d'amende, applicable comme dessus.

V I I.

Item. Que chacun Maître dudit état ne pourra avoir plus d'un Apprentif, lequel il ne pourra prendre à moins de cinq ans & huit jours, après l'avoir mis en besogne, & sera tenu le faire obliger pardevant deux Notaires, sur peine de quarante sols parisis d'amende, toutefois sur la derniere année de l'Apprentissage de son Apprentif, en pourra prendre un autre, &

payera ledit Apprentif pour fon commencement d'Apprentiffa-ge quatre fols parifis au Roy, & quatre fols parifis à la Con-frairie dudit Métier.

V I I I.

Item. S'il fe trouve qu'aucuns dudit état ayent à préfent plu-fieurs Apprentifs en leurs maifons, ils les bailleront aux autres Maîtres, qui feront tenus les recevoir.

I X.

Les Enfans defdits Maîtres feront reçûs à la Maîtrife, en faifant quelque expérience legere, telle qu'elle leur fera divifée par lefdits Jures, pour montrer de leur fuffifance, & leur pour-ront leurs peres apprendre leur Métier, fans qu'ils tiennent à leurs peres lieu d'Apprentifs, outre & pardeffus lefquels les Maîtres pourront avoir un Apprentif, en la forme qu'il eft dit ci-deffus, toutesfois fi lefdits Enfans de Maîtres apprenoient leur Métier ailleurs qu'en la maifon de leurs peres, ils tien-dront lieu d'Apprentifs; & en tout cas, foit en la maifon de leurs peres ou ailleurs, feront Apprentiffage de cinq ans, aupa-ravant d'afpirer à ladite Maîtrife.

X.

Item. Que les Veuves des Maîtres dudit Métier, tant qu'el-les fe contiendront en viduité, pourront joüir de pareils Privi-leges que leurs maris vivans ; mais fi elles fe remarient en fe-condes nôces, à autres n'étant dudit Métier, elles perdront leurdit Privilege, & ne pourront s'entremettre dudit état, mais fermeront leurs boutiques, & ne leur fera loifible de faire obli-ger à elles, Apprentifs ou Apprentiffes qui puiffent gagner la franchife dudit Métier, fur peine d'amende arbitraire, bien pourront tenir & faire achever le tems aux Apprentifs qui au-roient été pris par leurs défunts maris.

X I.

Item. A ce que lefdits Maîtres foient réglés & policés des Ouvrages qu'ils pourront & devront faire, feront toutes fortes d'Ouvrages, tels qu'ils pourront devifer, étant dudit métier & Art, & appartenances d'icelui, & qui leur feront commandés en la forme & maniere deffus déclarée.

X I I.

Ne pourront lefdits Maîtres contreporter leur Marchandife par la Ville, Fauxbourgs & Hôtelleries de Paris, pour icelle ex-

poſer en vente , mais la vendront en leurs Ouvroirs, ſinon qu'ils
euſſent été requis par les Bourgeois & Marchands Forains porter la Marchandiſe qu'ils auront achetée en leur logis & hôtellerie , ſur pareille peine de dix livres d'amende , applicable
comme deſſus.

X I I I.

Item. Pourront leſdits Jurés prendre tous Contreporteurs ,
qui comporteront aucune Marchandiſe de leur Mêtier , avec
leur Marchandiſe, & les amener en la Chambre du Procureur
du Roy, avec leurs Marchandiſes, pour à l'encontre d'eux être
procedé à la confiſcation d'icelles ou autrement , ainſi que de
raiſon.

X I V.

Les Forains qui ameneront Marchandiſe dudit Mêtier , ne
pourront icelle vendre en cette Ville , que premierement elle
n'ait été vûë & viſitée par leſdits Jurés , ſur peine d'amende
arbitraire ; mais auſſi feront tenus iceux Jurés , toutes choſes
laiſſées , d'aller viſiter ladite Marchandiſe là où elle ſera arrivée , ſi-tôt qu'ils en auront été avertis par les Marchands Forains ou autres de par eux , ſur peine de pareille peine , & de
payer l'interêt & ſéjour du Marchand.

X V.

Item. Pourront leſdits Maîtres Patenôtriers , faire & expo-
ſer en vente en ladite Ville & Fauxbourgs de Paris , toutes
ſortes de Patenôtres , Boutons d'Email , Dorures ſur Verre &
Email , Pendants d'oreilles faits de diverſes façons , jolivetés
& toutes autres ſortes d'ouvrages appartenans & dépendans
dudit Mêtier , paſſant par le feu & fourneau , faites , tant d'E-
mail , Canon & Criſtali , que toutes autres ſortes qui ſe pourront appliquer & accommoder pour le fait & Art dudit Mêtier ,
& ce qui en dépend , ſans qu'il ſoit loiſible ne permis à nul autre de ce faire , s'il n'eſt reçû & paſſé Maître dudit Mêtier de
Patenôtrier , & ce à peine de cent ſols pariſis d'amende applicable comme deſſus.

X V I.

Item. Pourront les Maîtres dudit Mêtier enfiler toutes ſortes de Ceintures, Carcans, Chaîne, Colliers, Bracelets, Patenôtres , Cordelieres , Chapelets & toutes autres ſortes d'Ouvrages dépendans dudit Mêtier de Patenôtrier , & pourront

lefdits Ouvrages de leur Métier , enrichîr & enjoliver d'or &
d'argent battu & moulu & Email , qui foit paffé par le feu &
fourneau , & non autrement.

X V I I.

Item. Pourront vendre & débiter toutes autres Marchandifes de Verrerie , qui dépendent & viennent en conféquence
de ce que deffus , & lefquelles Marchandifes ils acheteront
des Marchands Forains ou auront d'ailleurs, à la charge de
la vifitation.   X V I I I.

Item. Que défenfes feront faites à tous les Maîtres dudit
Mêtier de Patenôtrier , de dorer aucuns Ouvrages de corne
& os pour Email , & ce à peine contre les contrevenans de
quatre livres parifis d'amende , applicable comme deffus.

X I X.

Item. Ne pourront aucunes perfonnes, foit Marchands ou
autres , mêler aucune forte d'Email , ne retenir Canon pour
vendre , finon pour les Maîtres dudit Mêtier , à peine de dix
livres parifis d'amende, applicable comme deffus.

X X.

Item. Pour la confervation des préfentes Ordonnances dudit Mêtier , y aura deux Maitres élûs pour Jurés & Gardes
d'icelui Mêtier , lefquels deux Jurés ayant exercé ladite Charge de Juré par le tems & efpace d'un an , fera procedé à l'é-
lection de deux autres avec lefdits deux anciens , & exerce-
ront lefdits Jurés ladite Charge le tems & efpace de deux ans
entiers , & en fera élû deux par chacun an , comme ès autres
Mêtiers de cette Ville de Paris , par lefquels feront faites toutes vifitations néceffaires à faire audit Mêtier , tant en ladite
Ville , que Fauxbourgs d'icelle , fans que pour vifiter efdits
Fauxbourgs , ils foient tenus de demander licence aux Hauts-
Jufticiers d'iceux , quelque Privilege & droits de Juftice qu'ils
ayent en iceux , attendu qu'il eft queftion de Police , de laquelle la connoiffance appartient au Prevôt de Paris ou fes
Lieutenans. Sçavoir faifons, que après avoir fait voir en notre
Privé Confeil lefdites Requête & Lettres Patentes Avis & cahier d'Articles d'Ordonnance ci-deffus déclarés , le tout ci-attaché fous le contre-fcel de notre Chancellerie , Avons créé
& érigé, & de notre certaine fcience , pleine puiffance & autorité Royale , créons & érigeons ledit état & Mêtier de Pa-

tenôtrier & Boutonnier d'Email en notredite Ville de Paris ,
en état & Mêtier de Juré , pour être régi , policé, conduit &
gouverné ainfi que les autres Mêtiers-Jurés de ladite Ville ,
felon les Articles d'Ordonnances ci-deffus déclarés, comme dit
eft, lefquels Articles avons loüés , agréés, ratifiés , confirmés ,
homologués & approuvés , & de notre grace & autorité que
deffus, loüons, agréons, ratifions , confirmons , homologuons
& approuvons par ces Préfentes, & iceux donnés & octroyés ,
donnons & octroyons aufdits Supplians & Communauté dudit
état & Mêtier de Patenôtrier & Boutonnier d'Email , pour en
joüir & ufer , & être dorénavant & par ci-après inviolablement obfervés & gardés en notredite Ville & Fauxbourgs
de Paris , & par tout ailleurs où il appartiendra & befoin fera , de point en point felon leur forme & teneur, fans y con-
trevenir ne innover aucune chofe au contraire : Si DONNONS
EN MANDEMENT , par cefdites Préfentes , à nos amez &
féaux les Gens tenans notre Cour de Parlement à Paris . Prevôt dudit lieu, ou fon Lieutenant, & à tous nos autres Jufticiers & Officiers qu'il appartiendra , que notre préfent Edit d'é-
rection , création , homologation, confirmation & autorifation ,
ils faffent chacun en droit foy , lire, publier & enregiftrer, &
du contenu faire fouffrir & laiffer joüir lefdits Supplians &
leurs fucceffeurs audit Métier de Patenotrier & Boutonnier
d'Email ; en contraignant & faifant contraindre , à ce faire ,
fouffrir & obéir tous ceux qu'il appartiendra , & qui pour ce
feront à contraindre par les voyes que de raifon , le tout nonobftant oppofitions ou appellations quelconques , pour lefquelles, & fans préjudice d'icelles, ne voulons être différé. CAR
tel eft notre plaifir , nonobftant quelconques Privileges , Statuts , Arrêts , Jugemens , Sentences , Mandemens , Défenfes &
Lettres impétrées ou à impétrer au contraire : Et afin que ce foit
chofe ferme & ftable à toujours , Nous avons fait mettre notre
Scel à cefdites Préfentes. DONNE' à Paris au mois de Juillet ,
l'an de grace mil cinq cent foixante-fix , & de notre Regne le
fixiéme. Signé, BOUCHER. *Vifa*, Et plus bas, Par le Roy
en fon Confeil, BURGENSIS. Et Scellé du grand Sceau de cire
verte, fur lacs de foye rouge & verte.

Enregiftrées , oüy fur ce le Procureur Général du Roy , pour en joüir par les Impétrans selon leur forme & teneur. A Paris, en Parlement, le 17 Juillet, l'an 1566. Signé, DUTILLET.

Les Lettres Patentes, Edit & Ordonnance du Roy notre Sire, données à Paris au mois de Juillet dernier, signées par le Roy en son Conseil, BURGENSIS, & Scellées de cire verte du grand Scel, ont été lûës & publiées en Jugement au Parc Civil du Châtelet de Paris, séant au Siége Noble Homme & Sage Me Martin de Bragelongne, Conseiller du Roy & Lieutenant Particulier de la Prevôté de Paris, en la présence & du consentement du Procureur du Roy notredit Seigneur, audit Châtelet, & ordonné être enregistrées ès Regîstres ordinaires dudit Châtelet, le Jeudy vingt-neuviéme Août mil cinq cent soixante-six. Signé, BARBEDOR & BOURGOING, avec paraphes.

Enregistrées au septiéme Volume des Banieres, Regîstre ordinaire du Châtelet de Paris, ès 53, 54, 55, 56 & 57. feuillets, Signé, REMY.

Les Ordonnances & Priviléges ci-dessus transcrits, ont été présentés au Bureau de la Recette ordinaire de Paris, & d'icelles laissé copie, le 22 Août 1582. Signé, LAHEUT.

LETTRES PATENTES
DU ROY,

Portant confirmation de l'Edit & Statuts de la Communauté des Maîtres Patenôtriers d'Email.

HENRY par la grace de Dieu Roy de France & de Pologne : A tous présens & à venir, SALUT. Nos chers & bien-amez les Ouvriers & Communauté du Mêtier de Patenôtrier Boutonnier d'Email, Verre & Cristalin de notre bonne Ville & Fauxbourgs de Paris, Nous ont fait remontrer qu'au mois de Juillet 1566. le feu Roy Charles dernier décedé, no-

tre très-cher Seigneur & Frere, créa & érigea ledit état en Mêtier-Juré, pour être tenu & gardé en la forme & maniere portée & contenuë par les Articles, Statuts & Ordonnances qui
en furent lors dreſſés, & ſuivant les Lettres Patentes en forme
de Chartre, que notredit feu Seigneur & Frere leur en auroit
octroyé à ces fins, qui auroient été vérifiées, tant en notre
Cour de Parlement, qu'au Parc Civil de notre Châtelet de
Paris : Oui & ce conſentant notre Procureur, pour en joüir par
les Supplians ſelon leur forme & teneur, & le contenu en icelles & eſdits Articles, Statuts & Ordonnances, garder, obſerver & entretenir, comme il eſt encore à préſent ; que les Expoſans ayant fait lecture de leurſdits Statuts & Ordonnances,
pour être par Nous confirmés, auroient trouvé être néceſſaire
d'y ajoûter quelques Articles qu'ils ont arrêtés & accordés entr'eux le dix-ſeptiéme jour de Mars dernier paſſé, qu'ils Nous
ont fait préſenter en notre Conſeil, leſquels avec leurs anciens
Statuts & Ordonnances, pour être par Nous confirmés, pour
plus grande ſûreté & approbation d'iceux, ils Nous ont très-
humblement fait ſupplier & requérir leur vouloir continuer,
confirmer & autoriſer, & ſur ce octroyé nos Lettres à ce néceſſaires. Sçavoir faiſons, que Nous ayant fait voir en notredit
Conſeil les Lettres de création dudit état de Patenôtrier-Bou-
tonnier d'Email, Verre & Criſtalin, Mêtier-Juré, & les Articles accordés entre leſdits Expoſans le dix-ſept Mars, & autres
piéces y attachées ſous le contre-ſcel de notre Chancellerie,
Nous avons tout le contenu en iceux continué, ratifié, approuvé & confirmé, continuons, ratifions, approuvons & confirmons, Voulons & Nous plaît qu'ils ſoient gardés, obſervés
& entretenus par les Expoſans & autres y dénommés de point
en point ſelon leur forme & teneur, ſans qu'il y ſoit contreve-
nu, en quelque maniere que ce ſoit. Si DONNONS EN MANDE-
MENT par ces Préſentes à nos amez & féaux Conſeillers les
Gens tenans notre Cour de Parlement, Prevôt de Paris, ou ſon
Lieutenant, & à chacun d'eux ſi comme à lui appartiendra,
que notre préſente continuation, ratification ; approbation &
confirmation, ils faſſent lire, publier, regiſtrer, garder, obſerver & entretenir, & du contenu en icelles & eſdits Articles,
du dix-ſeptiéme jour de Mars, les Expoſans joüir & uſer pleinement & paiſiblement, contraignant à ce faire ſouffrir & obéir
tous ceux qu'il appartiendra, & qui pour ce feront contrain-

dre par toutes voyes dûës & raisonnables , nonobstant oppositions ou appellations quelconques, pour lesquels ne voulons être differé : CAR tel est notre plaisir. Et afin que ce soit chose ferme & stable à toujours, Nous avons fait mettre notre Scel à ces Présentes, sauf en autre chose notre droit & l'autrui en toutes. DONNE' à Paris au mois d'Avril, l'an de grace mil cinq cent quatre-vingt-trois, & de notre Regne le neuviéme. Signé par le Roy en son Conseil, BRULART. Et scellé.

Regiſtrés oui le Procureur Général du Roy, comme il eſt tenu, au Regiſtre de ce jour. A Paris en Parlement , le vingt-troiſiéme jour de May mil cinq cent quatre-vingt-trois. Signé, CHEVALIER.

H E R I E R.   C O N T E N T O R.

Requête préſentée au Roy par la Communauté des Maîtres Patenotriers-Boutonniers d'Email , Marchands Verriers- Fayanciers , concernant les trois Articles y joints.

A U   R O Y.

S I R E,

LA Communauté des Maîtres Patenôtriers-Boutonniers en Email , Marchands Verriers-Fayanciers de cette Ville de Paris, Vous remontrent très-humblement ; que de tout temps ils ont été maintenus & conservez en leurs Statuts, Privileges & Ordonnances par le feu Roy dernier, que Dieu absolve, qui leur auroit non-seulement confirmé leursdits Statuts, même iceux augmentez, entre lesquels il leur permettoit de vendre & debiter toutes Marchandises de Verre & Fayance, Bouteilles couvertes & non couvertes & toutes autres especes de Verre , à quoy par plusieurs Arrêts de la Cour de Parlement ils ont été maintenus & conservez ; mais à cause des derniers troubles tout a

été

été déréglé, de forte que plufieurs perfonnes fe feroient in-
gerées de fe mêler de vendre ladite Marchandife de Verre &
de Bouteilles, qui eft au grand préjudice defdits Supplians : C'eft
pourquoi ils fupplient très-humblement V. M. leur vouloir
fur ce pourvoir, & leur accorder quelques Articles qu'il leur
a femblé être néceffaires d'ajouter à leurs Statuts. CE CON-
SIDERE', SIRE. Il vous plaife leur vouloir accorder les
Articles qui enfuivent, & ils prieront Dieu pour votre prof-
perité & fanté.

Premierement. Que défenfes feront faites à toutes perfonnes de quelque état ou métier que ce foit étant érigé en Maîtrife & Jurande de fe mêler ni entremettre de vendre, débiter ni colpoter par votre Ville, Fauxbourgs & Banlieuë de
Paris, les Marchandifes de Verre, Bouteilles, Flacons couverts
& non couverts, & toutes autres efpeces de Verre, ni même
en acheter des Forains ; à peine de confifcation & d'amende
arbitraire, fors & excepté aufdits Maîtres Emailleurs & Marchands Verriers & Fayanciers.

II. Et d'autant qu'il y en a plufieurs qui depuis peu de tems
fe font mêlez de vendre ladite Marchandife, que défenfes leur
feront faites de ce faire, fors feulement à ceux qui étoient lors
de l'Arrêt du Parlement donné entre lefdits Maîtres Emailleurs
Marchands Verriers, le 18 May 1599. par lequel il leur eft
permis à chacun d'eux de vendre & débiter ladite Marchandife de Verre & Bouteilles couvertes & non couvertes, Vaiffelle
émaillée & dorée, & toutes autres fortes de Verre, fans avoir
aucune vifitation les uns fur les autres, fuivant ledit Arrêt.

III. Les Marchands Forains ne pourront vendre leur Marchandife en détail, ni la colporter par la Ville, à peine de
confifcation d'icelle, & d'amende arbitraire.

Arrêté au Châtelet de Paris, le vingtiéme Septembre 1599.
Signé, GUILLAUME FORMET, FRANÇOIS BONNET,
JEAN MALASSIS & THOMAS PREVOST, Jurez
en charge audit an, & de tous les autres Maîtres.

D

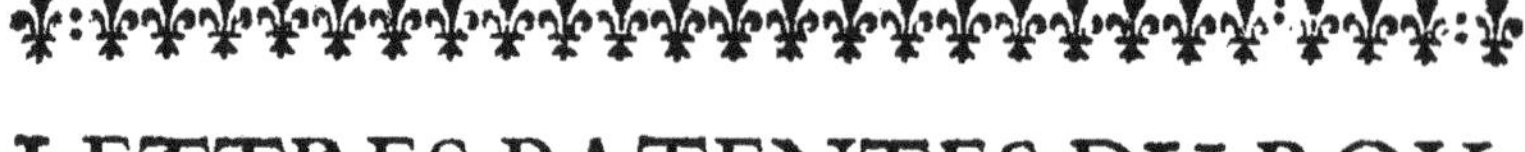

LETTRES PATENTES DU ROY,

Portant confirmation des anciens Statuts, & des trois Articles ci - deſſus.

Données au mois de Septembre 1599.

HENRY par la grace de Dieu Roy de France & de Navarre : A tous préſens & à venir, SALUT. Nos chers & bien amés les Ouvriers & Communauté du mêtier d'Emailleurs Marchands Verriers-Fayanciers, Verre & Criſtalin de notre Ville & Fauxbourgs de Paris, Nous ont fait remontrer que le feu Roy Charles notre très-honoré Seigneur & Frere, les auroit dès le mois de Juillet 1566. créés & érigés en Maîtriſe & Jurez, pour être tenus & gardez en la forme & maniere accoutumée, tant aux Articles qu'ils en dreſſerent lors, qu'aux Lettres Patentes en forme de Chartres qui leur en furent expediees, leſquelles auroient été vérifiées en notre Cour de Parlement, & enregiſtrées au Greffe de notre Chancellerie de Paris, pour être gardez & obſervez, comme ils ſont encore à préſent. Et voyant leſdits Expoſans qu'on auroit obmis à leurſdits Statuts aucuns Articles qui leur étoient utiles & néceſſaires, le feu Roy dernier décédé, notre très-honoré Seigneur & Frere, en leur accordant la confirmation des ſuſdits, leur auroit pareillement accordé ladite augmentation, choſe qui fut trouvée juſte & raiſonnable, & qui auroit auſſi été vérifiée en notre Cour de Parlement : Et d'autant que le vingtiéme jour de ce mois de Septembre, ils Nous ont préſenté Requête en notre Conſeil, pour avoir agréable l'augmentation de quelques Articles concernant leurdit métier, qu'ils ont tous ſignez & accordez entr'eux, & qu'ils Nous ont très-humblement ſuppliez leur vouloir accorder, continuer & confirmer leurſdits anciens Statuts ; NOUS inclinans à leur Requête leur avons octroyé nos Lettres à ce néceſſaires. Sça-

voir, faifons; que Nous ayant fait voir en notre Confeil lefdites Lettres de création dudit métier de Patenoftrier - Boutonnier d'Email, Verre & Criftalin, enfemble les Articles accordez entre lefdits Expofans le 17. Mars 1583. & Lettres
de confirmation fur iceux du mois d'Avril enfuivant, avec lefdits Articles du 20. du préfent mois & autres piéces attachées
fous le contre-fcel de notre Chancellerie. Avons fur le contenu en iceux continué, ratifié, approuvé & confirmé, continuons, ratifions, approuvons & confirmons, par ces Préfentes, voulons & Nous plaît, qu'ils foient gardez, obfervez
& entretenus par les Expofans & autres y dénommez, de point
en point felon leur forme & teneur, fans qu'il y foit contre-
venu en aucune maniere. SI DONNONS EN MANDEMENT
à nos amez & féaux Confeillers, les Gens tenans notre Cour
de Parlement, Prévôt de Paris ou fon Lieutenant, faire à chacun d'eux fi comme à lui appartiendra, que notre préfente
continuation, ratification, approbation & confirmation, ils
faffent lire, publier, regiftrer, garder, obferver & entretenir,
& du contenu en icelle & efdits Articles dudit 20. du préfent
mois, les Expofans jouiffent, ufent pleinement & paifiblement,
contraignant à ce faire fouffrir & obéir tous ceux qu'il appartiendra, & pour ce feront à contraindre par toutes voyes dûës
& raifonnables nonobftant oppofitions ou appellations quelconques, pour lefquelles ne voulons être différé : CAR tel
eft notre plaifir; & afin que ce foit chofe ferme & ftable à
toujours Nous avons fait mettre notre Scel à cefdites Préfentes, fauf en autre chofe notre droit & l'autrui en toutes. DONNE'
à Paris au mois de Septembre, l'an de grace mil cinq cent
quatre-vingt-dix-neuf, & de notre Regne le onziéme. Signé
HENRY. *Et fur le repli*, par le Roy, DE VERTON.
Et fcellé.

*Les Préfentes ont été regiftrées au huitiéme Volume de l'ancien
Regiftre ordinaire du Châtelet de Paris, pour y avoir recours quand
befoin fera. Ce fut fait & Regiftré audit Châtelet le Jeudy fixiéme
jour de Juillet l'an mil fix cent.* Signé REMY, avec paraphe.

ARREST
DU CONSEIL D'ETAT DU ROY,

QUI réunit la Communauté des Maîtres Emailleurs, Verriers - Fayanciers , Patenoſtriers - Boutonniers en Email , Verre & Criſtalin , de la Ville & Fouxbourgs de Paris , avec les Marchands Verriers - Fayanciers , Maîtres Couvreurs de Flacons & Bouteilles en ozier , de ladite Ville.

Du 21. Septembre 1706.

Extrait des Regiſtres du Conſeil d'Eſtat.

SUR la Requête préſentée au Roy en ſon Conſeil, par les Jurez & Gardes de la Communauté des Marchands Verriers, Fayanciers, Maîtres Couvreurs de Flacons & Bouteilles en Ozier, de la Ville & Fauxbourgs de Paris ; & par les Jurez des Maîtres Emailleurs, Verriers-Fayanciers, Patenôtriers-Boutonniers en Email , Verre & Criſtalin en ladite Ville & Fauxbourgs: contenant que l'étenduë de leurs Profeſſions, qui ſe croiſent, a donné occaſion à une infinité de Procès qu'elles ont enſemble, & cauſe la ruine de l'une & de l'autre, ce qui fait qu'elles ont également interêt d'être unis, pour ne compoſer à l'avenir qu'un ſeul & même Corps : & comme la Communauté des Verriers-Fayanciers avoit offert à Sa Majeſté huit mille liv. & les deux ſols pour liv. pour la réunion des Offices de Controlleur-Viſiteur de leurs Poids & Meſures, & de Greffier des Enregiſtremens de leurs Actes, & celle des Emailleurs mille liv, avec les deux ſols pour liv. pour leſquelles Sa Ma-

jefté avoit eû la bonté de leur faire efperer quelques gages ,
les Supplians qui ont crû que l'union des deux Communautés
devoit précéder & pourroit faciliter la perception & levée des
deniers néceffaires pour l'acquifition defdits Offices, font con-
venus qu'ils fupplieroient conjointement Sa Majefté , en agréant
ladite union, d'ordonner que pendant dix années confecutives ,
les Jurez qui feront élûs pour l'adminiftration de leurs affaires
communes, feront pris moitié du Corps des Verriers-Fayanciers & moitié de celui des Emailleurs, après lequel tems ils
feront choifis indiftinctement à la pluralité des voix. Que pour
le payement des neuf mille liv. & deux fols pour liv. ci deffus, il fera arrêté deux Etats de recouvrement, l'un de la fomme de huit mille liv. & deux fols pour liv. qui feront payez
par ceux qui débitent, tant en gros qu'en détail des Marchandifes de Fayance & de Verrerie. Et l'autre de mille liv.
& deux fols pour liv. par ceux qui travaillent en Email à la
Lampe, le tout par forme de prêt & à proportion des facul-
tez de chacun d'eux ; defquelles fommes, par eux payées, ils
feront Créanciers de ladite Communauté, qui fera tenuë de
leur en payer l'interêt à raifon du denier vingt, jufqu'à l'actuel remboursement, fans que ceux qui travaillent en Email
à la Lampe & qui feront en demeure de payer leurs parts defdits Etats puiffent être admis à la Jurande , ni même avoir
aucune voix déliberative dans leurs affemblées, jufqu'à ce que
ceux qui auront prêté lefdits deniers foient rembourfez de leurs
principaux & interêts, fans néanmoins que ceux qui débitent
lefdites Marchandifes de Fayance & Verrerie, puiffent être
difpenfez de payer leur cotte-part defdits Etats , pour quelque caufe que ce puiffe être, déclarans au furplus ; fçavoir ,
lefdits Jurez-Gardes des Marchands Verriers-Fayanciers, Maîtres Couvreurs de Flacons & Bouteilles , que leur Communauté ne doit en tout que la fomme de fept mille fix cens livres
par Contrat de conftitution , pour le payement des rentes, de
laquelle elle confent que les trois cens quatre-vingt livres de
gages actuels & effectifs , dont elle jouit par chacun an, à caufe des Offices d'Auditeurs de leurs Comptes & de Tréforier ,
qui lui ont été réunies, foient uniquement appliquez : & les Jurez defdits Maîtres Emailleurs que leur Communauté ne doit
aucune chofe ; defquelles déclarations les uns & les autres re-

quierent Acte , & qu'il plaife à Sa Majefté fur ce leur pourvoir.
V EU ladite Requête , la foumiffion des Maîtres Verriers-Fayanciers & des Maîtres Emailleurs , du 8. Juin 1706. tant pour
eux que pour les anciens & autres Maîtres de ladite Communauté , contenant leurs offres pour la réunion defdits Offices
& droits , aux claufes & conditions y portées : Enfemble l'avis
du fieur Dargenfon , Confeiller du Roy en fes Confeils , Maître des Requêtes ordinaire de fon Hôtel , Lieutenant Général de Police , de la Ville & Fauxbourgs de Paris : O u y le
Rapport du Sieur Florieau d'Armenonville , Confeiller ordinaire au Confeil Royal , Directeur des Finances : L E R O Y
E N S O N C O N S E I L , ayant égard à ladite Requête , &
conformement à l'avis du fieur Dargenfon , a ordonné & ordonne que les deux Communautés de Marchands Verriers-
Fayanciers , Maîtres Couvreurs de Flacons & Bouteilles en
ozier , & des Maîtres Emailleurs , Verriers-Fayanciers , Patenoftriers-Boutonniers en Email , Verre & Criftalin de ladite
Ville & Fauxbourgs de Paris , feront & demeureront à l'avenir unies pour ne faire qu'une feule & même Communauté ,
à laquelle demeureront auffi réunis les Offices de Controlleurs ,
Vifiteurs de leurs poids & mefures , & des Greffiers des En-
regiftremens de leurs actes , créés par les Edits des mois de
Janvier & Août 1704. pour par elle en jouir & des droits &
émolumens y attribuez , enfemble de quatre cens cinquante
liv. de gages actuels & effectifs par chacun an , conformément
à leur foumiffion , & faire exercer lefdits Offices , par qui &
ainfi qu'elle avifera bon être , à condition de payer par ladite
Communauté la fomme de neuf mille liv. de Finance principale , neuf cens liv. pour les deux fols pour liv. fçavoir , le
principal fur les quittances du Tréforier des revenus cafuels
de Sa Majefté , ou fur les recepiffés d'Elie Ufien & de Nicolas Cartier , chargés par Sa Majefté d'en faire le recouvrement ,
& les deux fols pour liv. fur leurs quittances pures & fimples ,
lefdites fommes payables en dix payemens égaux , le premier
comptant , le deuxiéme au 20. Septembre préfent mois , &
les autres de deux mois en deux mois fucceffivement ; & pour
faciliter lefdits payemens , ordonne Sa Majefté qu'il fera arrêté , par ledit fieur Dargenfon , deux états de repartitions ,
l'un de la fomme de huit mille liv. & deux fols pour liv. qui

seront payés par ceux qui débitent, tant en gros qu'en détail, les Marchandises de Fayance & Verrerie ; l'autre de mille liv. & deux sols pour liv. par ceux qui travaillent en Email à la Lampe, le tout par forme de prêt & à proportion des facultés de chacun d'eux, desquelles sommes ceux qui les auront avancées seront creanciers de ladite Communauté, qui sera tenuë de leur en payer l'interêt à raison du denier vingt, à compter du jour qu'ils auront achevé de payer leur cotte-part desdits Etats, jusqu'à l'actuel remboursement d'icelles : Veut Sa Majesté que pour remplir la Jurande il soit fait choix, à la pluralité des voix, de deux Marchands Verriers-Fayanciers, & de deux Maîtres Emailleurs, pour faire le nombre de quatre Jurez, qui demeureront en charge pendant deux années, à l'expiration desquelles il en sortira un desdits Maîtres Verriers-Fayanciers & un desdits Emailleurs, & à leur place il en sera élû deux autres, un de chacun Corps, & ainsi successivement d'année en année, pendant le cours de dix, à compter du jour de la premiere Election, après lesquelles le choix s'en pourra faire indistinctement & sans avoir égard aux Corps, & ne pourront être appellez ausdites Charges aucuns de ceux qui travaillent en Email à la Lampe & qui n'auront contribué audit prêt, n'y avoir voix délibérative aux assemblées jusques à ce que ceux qui auront prêté pour le payement desdits neuf mille neuf cens liv. ayent été actuellement remboursez de leurs principaux & des interêts, sans que ceux qui débitent lesdites Marchandises de Fayance & Verrerie puissent être dispensez de payer leur cotte-part de ladite repartition, pour quelque cause que ce puisse être, lesquelles dettes, ensemble celles qui seront contractées légitimement à l'avenir par ladite nouvelle Communauté, seront par elle payées & acquittées sans distinction ; & en consequence de la déclaration desdits Jurez des Marchands Verriers-Fayanciers, Couvreurs de Flacons & Bouteilles, que leur Communauté ne doit que sept mille six cens liv. en principal à constitution de rente & du consentement par eux donné, que pour le payement des arrérages qui en écheront à l'avenir, les trois cens quatre-vingt liv. de gages actuels & effectifs par chacun an, attribuez aux Offices d'Auditeurs de leurs comptes & de leurs Tréforiers à eux réunis, soient employez en entier sans aucun divertissement,

defquelles déclarations & confentement Sa Majefté leur a donné acte, enfemble de la déclaration defdits Emailleurs que
leur Communauté ne doit aucune chofe. Ordonne Sa Majefté,
qu'en cas que lefdites rentes ne foient acquittées annuellement,
& continuellement des deniers provenans defdits gages, lefdits Verriers-Fayanciers feront tenus de les acquitter entr'eux
& de leurs deniers, fans que lefdits Emailleurs foient tenus d'y
contribuer en aucune maniere : Veut Sa Majefté que le préfent Arrêt & ce qui fera ordonné en confequence par ledit
fieur Dargenfon, foit exécuté nonobftant oppofitions & autres
empêchemens quelconques, dont fi aucuns interviennent Sa
Majefté a refervé la connoiffance à fon Confeil, & icelle in-
terdit à fes Cours & autres Juges, & pour l'exécution du préfent Arrêt toutes Lettres néceffaires feront expediées. F A I T
au Confeil d'Etat du Roy, tenu à Verfailles, le vingt-uniéme
jour de Septembre mil fept cent fix. Collationné avec paraphe.
Signé R A N C H I N.

*Les préfents Statuts & Arrêt de réunion de la Communauté
des Maîtres Emailleurs, Patenoftriers-Boutonniers en Email, avec
celle des Marchands Verriers-Fayanciers, Maîtres Couvreurs de
Flacons & Bouteilles en ozier, ont été réimprimez par les foins de
DENIS JACQUEMARC, LOUIS GOURIER,
PIERRE MESSAGER & NICOLAS GUIL-
LEMOT, Jurez de préfent en charge en l'année 1712.*

*La Communauté des Paténôtriers en Geais, Ambre & Corail,
Nacre & Perle, ont obtenu un Arrêt du Parlement du 22. Décembre 1728. qui les réunit avec la Communauté des Maîtres Patenôtriers, Emailleurs, Verriers - Fayanciers, pour ne faire qu'une
même Communauté, lequel a été fignifié le 31. Janvier 1729. au
Bureau des Fayanciers-Emailleurs, les Patenôtriers en Geais ont
obtenu une Sentence de Police le 22. Juillet 1729. qui ordonne
qu'ils feront enregiftrés fur le Tableau à leurs rangs de Maitrife,
les Anciens à la Claffe des Anciens, fuivant leurs Lettres de Jurande ; la Sentence fignifiée le 14. Décembre 1729. avec une Déclaration qu'ils font dix-neuf Maitres.*

CHARLES

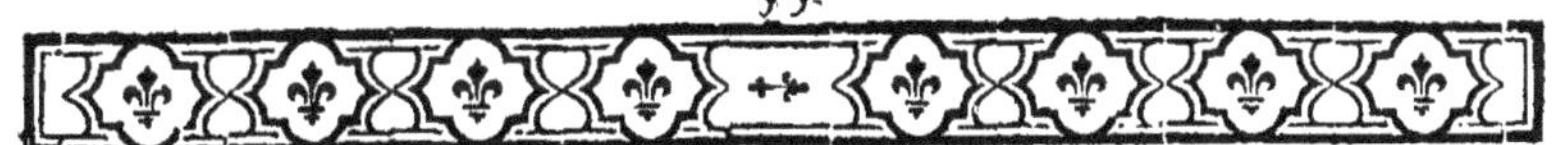

CHARLES par la grace de Dieu Roy de France : A tous préfens & à venir ; SALUT. Nos bien amez les Jurez Maitres du Métier de Patenôtriers, Tailleurs de Corail, de Geais, d'Ambre, Coquille, Porcelaine , Nacre & Perles en notre bonne Ville de Paris , Nous ont fait remontrer que ci-devant leurs Prédécesseurs Maîtres & Jurez auroient fait & dressé entr'eux pour la Police & Reglement d'un Métier plusieurs Articles, lesquels ont été enregistrés ès Regiftres de notre Châtelet de Paris, & toujours depuis obfervés même par lefdits Expofans jufqu'à préfent, qu'ils connoiffent que l'obfervation de la plûpart defdits Articles leur eft onereufe, auffi qu'il a été obmis d'inferer audit Reglement plufieurs chofes très-néceffaires pour ladite Police : au moyen de quoi afin d'y remedier ils fe font puis n'a guere affemblés , & tous d'un commun accord fait rédiger par écrit quelques autres nouveaux Articles qu'ils ont fignés , portant réformation de ceux qui leur font onereux , & où eft auffi entierement ajouté ce que , comme dit eft, avoit été obmis aux autres anciens, dont la teneur enfuit. Ce font les Articles que les Maîtres Jurez & Gardes du Métier de Patenôtriers, Tailleurs de Corail, de Geais, d'Ambre, Coquille , de Porcelaine, & Nacres & Perles, & toutes autres fortes de Patenôtres qui fe taillent, tant à la Lime, qu'à la Meule de grais, requierent être ftatués , ordonnés, confirmés & approuvés par Edit, Statut & Ordonnance Royale, & être ajouté à leurs anciennes Ordonnances, pour éviter aux mal-façons, fraudes & abus qui fe font & commettent chacun jour audit Métier de Patenôtrier.

ARRICLE PREMIER.

Que nuls Maîtres dudit Métier de Patenôtriers ne pourront befongner, finon que depuis cinq heures du matin jufqu'à neuf heures du foir, tant en Eté qu'en Hyver ; & feront tous tenus iceux Maîtres & les Compagnons dudit Métier de laiffer leur befongne, & ne faire aucun Oeuvre dudit Métier après ladite heure.

E

I I.

Item, Qu'aucun dudit Métier de Patenôtrier ne pourra dorénavant lever icelui Métier, ne tenir Boutique en la Ville &
Fauxbourgs de Paris, que premierement il n'ait été Apprentif avec un Maître dudit Métier en notredite Ville ou Fauxbourgs de Paris, par le tems & espace de six ans entiers finis
& accomplis, sur peine de quarante sols parisis d'amende, applicable moitié au Roy , & l'autre moitié aux Jurez dudit Métier de Patenôtrier.

I I I.

Item. Que nul Maître dudit Métier ne pourra avoir qu'un
seul Apprentif, lequel il ne pourra prendre à moins de tems
que de six ans, comme dit est ci-dessus, fors & excepté qu'a-
près les cinq ans premiers passés de son premier Apprentif, &
non plûtôt, il en pourra prendre un autre pour ledit tems &
espace de six ans entiers, & lequel auparavant que de le mettre en besongne, il sera tenu de le faire obliger pardevant deux
Notaires , sur peine de ladite amende applicable comme
dessus.

I V.

Item. Seront tenus les Maitres dudit Métier , quinze jours
après qu'ils auront fait obliger lesdits Apprentifs, montrer les
Brevets d'Apprentissage aux Jurez , & les faire enregistrer en
la Chambre du Procureur du Roy au Châtelet de Paris , &
payeront lesdits Apprentifs deux sols parisis au Roy, & qui
sera trouvé faisant le contraire , il payera l'amende comme
dessus.

V.

Item. Nul Maître dudit Métier ne pourra prendre aucun Apprentif, s'il ne tient feu & lieu.

V I.

Item. Nul ne sera dorénavant reçû Maître Patenôtrier en
ladite Ville & Fauxbourgs de Paris, s'il n'a été Apprentif sous
les Maîtres dudit Métier en ladite Ville ou Fauxbourgs de Paris ledit tems & espace de six ans, ou bien s'il n'a servi les Maî-
trés dudit Métier , ledit tems & espace de six ans sans gagner
aucun argent,& tel rapporté & notifié par les Jurez dudit Métier.

V I I.

Item. Auparavant que d'admettre par les Jurez Chef-d'œu

vre aux Compagnons qui voudront afpirer & être reçûs à ladite Maîtrife, iceux Jurez feront tenus de s'enquerir de leur
bonne vie & mœurs des Maîtres, lefquels ils auront fervi du-
rant leurs Apprentiffages, pour, felon le rapport qu'ils en
trouveront, leur bailler ledit Chef-d'œuvre, ou les en refufer.

VIII.

Lequel Chef-d'œuvre, après ladite inquifition faite, feront
tenus lefdits Compagnons qui afpireront à ladite Maîtrife, le
faire en la maifon de l'un defdits Jurez, tel qu'il leur fera de-
vifé, & icelui fait & parfait, en feront lefdits Jurez leur Rapport en la maniere accoutumée en la Chambre du Procureur
du Roy dudit Châtelet de Paris vingt-quatre heures après,
lequel fera faire le ferment pour ce dû & accoutumé à ceux
qui auront été rapporté fuffifans, & capables d'être reçûs Maîtres dudit Métier.

IX.

Item. Ceux qui feront reçus Maîtres dudit Métier en ladite
Ville & Fauxbourgs de Paris, feront tenus payer pour le droit
de Maîtrife vingt fols parifis au Roy, & pareille fomme à chacun defdits Jurez pour leurs peines, falaires & vacations, d'a-
voir affifté à voir faire ledit Chef-d'œuvre.

X.

Item. Nul ne pourra faire fait de Maître dudit Métier de
Patenôtrier en cette Ville ou Fauxbourgs de Paris, & dreffer
Ouvroir ou Boutique, s'il n'à été reçû & paffé Maître dudit
Métier par la forme & maniere ci-deffus déclarée, fur peine
de ladite amende applicable comme deffus.

XI.

Item. Si les enfans mâles des Maîtres dudit Métier requierent être reçûs Maîtres, les Jurez feront tenus de les recevoir
en faifant experience telle qu'elle leur fera devifee & baillée
par lefdits Jurez, pour montrer de leur fuffifance, & fans aucune finance payer au Roy pour leur droit de Maîtrife ; mais
payeront aufdits Jurez à chacun dix fols parifis pour leurs peines, falaires & vacations, d'avoir affifté à voir faire ladite Experience.

XII.

Item. Pourront lefdits Maîtres apprendre leurs Métiers à
leurfdits enfans, fans qu'ils leur tiennent lieu d'Apprentifs,

outre & par-deſſus leſquels les Maîtres pourront avoir un Apprentif en la forme & maniere qu'il a été dit ci-deſſus : Toutefois ſi les enfans des Maîtres apprennent leurdit Métier ailleurs qu'en la maiſon de leur pere, ils tiendront lieu d'Apprentif, & en tout cas, ſoit en la maiſon de leur pere ou ailleurs, feront leur Apprentiſſage de ſix ans entiers auparavant que d'être reçûs Maîtres dudit métier de Patenôtrier.

XIII.

Item. Les Veuves deſdits Maîtres, tant qu'elles ſe contiendront en leur viduité, joüiront de pareils Privileges que leurs maris vivans ; mais ſi elles ſe remarient à ceux qui ne ſont dudit métier, elles ne pourront plus joüir du Privilege dudit métier : Et davantage ne pourront, étant en leurdite viduité, faire aucuns Apprentifs, mais bien pourront leſdits Apprentifs achever leurs Apprentiſſages en l'Hôtel deſdites Veuves qu'ils auroient encommencé du vivant de leurs défunts maris.

XIV.

Item. Aucun Apprentif ne pourra racheter le tems de ſon apprentiſſage, & là où il auroit racheté, il ne pourra tenir ledit métier, ni œuvrer, ne beſongner d'icelui, s'il n'a parfait premierement ledit tems de ſon apprentiſſage qui aura par lui ainſi été racheté de ſon Maître.

XV.

Item. Si aucun Apprentif ſe défait d'avec ſon Maître pour avoir été trouvé en faute, & il puiſſe être atteint & convaincu de ladite faute, ledit Maître en pourra prendre un autre, & ne pourra jamais ledit Apprentif œuvrer ni beſongner dudit métier, & cherra en l'amende ci-deſſus, dont il y en aura la moitié au Roy, & l'autre moitié aux Jurez dudit métier.

XVI.

Item. Ne pourront leſdits Maîtres Subſeraires, les Serviteurs & Apprentifs les uns des autres, ni retirer, ni bailler à beſongner à iceux, que premierement ils ayent apporté bonne & valable décharge des Maîtres qu'ils auront ſervi ; & auſſi que les Maîtres qui les recevront à leurs maiſons & ſervices ne ſe ſoient enquis des cauſes pour leſquelles ils auront laiſſé leur Maître, ſur peine de ladite amende applicable comme deſſus.

XVII.

Item. Nul Maître dudit métier ne pourra bailler à beſongner à un Étranger, que premierement les Compagnons qui auront été Apprentifs dudit métier, ne foient mis en befogne, s'ils le requierent pour même prix que l'Etranger, lequel ne fera reçû Maître s'il n'a fervi les Maîtres de cette Ville l'efpace de quatre ans.

XVIII.

Item. Nul Maître dudit métier ne pourra tenir deux Boutiques, ni bailler, ni œuvrer aux jours de Dimanches & Fêtes, fur peine de ladite amende applicable comme deſſus.

XIX.

Item. Tous lefdits Maîtres Patenôtriers pourront faire & œuvrer de toutes fortes de Patenôtres, tant de Geais, Corail, d'Ambre, Coquille, de Porcelaines, Nacres & Perles, foit vuides, pleines, façon d'olive, que de toutes autres & diverfes façons, en quelque forte & maniere que ce foit, pourvû qu'elles foient bien & dûëment faites, loyales & marchandes.

XX.

Item. Pourront lefdits Maîtres dudit métier de Patenôtrier, enfiler toutes fortes de Patenôtres, Chapelets, Ceintures, Carcans, Chaînes, Coliers, Bracelets, Cordelieres, & toutes autres fortes d'Ouvrages dépendans dudit métier de Patenôtrier.

XXI.

Item. Nul Maître dudit métier ne pourra expofer en vente aucune marchandife ſi elle n'eſt bien & dûëment faite, & qu'elle foit de bonne étoffe, loyale & marchande, fur peine de ladite amende, applicable comme deſſus.

XXII.

Item. Que tous Marchands Forains ne pourront expofer en vente aucune forte de marchandife concernant ledit métier de Patenôtrier, que premierement elle n'ait été vûë & vifitée par les Jurez dudit métier, à caufe des abus, fraudés & exceptions qui fe commettent de jour en jour en ladite marchandife, le tout à peine de confifcation, & d'amende arbitraire ; lefquels Jurez feront tenus de vifiter ladite marchandife dedans vingt-quatre heures, après qu'ils auront été avertis par lefdits Marchands Forains, ou autres de par eux, & lefquels Jurez feront leurs Rapports defdites Vifitations en la Chambre du Procureur du Roy en la maniere accoutumée, fur peine de foixante fols pa-

rifis d'amende , & vifiteront lefdits Jurez fans falaires, fors &
excepté en cas que la marchandife ne fe trouve bonne & loyale,
ils auront moitié de l'amende ou confifcation, telle qu'il plaira
à Juftice ordonner.

XXIII.

Item. Nul Maître dudit métier ne pourra aller ni envoyer
au-devant defdits Marchands Forains, pour acheter d'eux aucune marchandife foraine dudit métier, fur peine de l'amende
epplicable comme deffus.

XXIV.

Item. Ne pourront lefdits Maîtres Patenôtriers contreporter leur-marchandife par la Ville, Fauxbourgs & Hôtelleries
de Paris, pour icelle expofer en vente, mais la vendront en
leurs Ouvroirs & Boutiques, finon qu'ils foient requis par les
Bourgeois & Marchands Forains, porter la marchandife qu'ils
auront achetée en leurs logis & Hôtelleries, fur peine de ladite
amende applicable comme deffus.

XXV.

Item. Pourront lefdits Jurez Patenôtriers, faire prendre &
arrêter tous Contreporteurs qui contreporteront aucune marchandife de leurdit métier, avec leur marchandife qu'ils con-
treportent, & les emmener en la Chambre & pardevant le Procureur du Roy avec leurdite marchandife, pour à l'encontre
d'eux être procedé à la confifcation d'icelle, ou autrement en
ordonner ainfi que de raifon.

XXVI.

Item. Seront faits défenfes à tous Maîtres Patenôtriers, &
autres perfonnes de quelque état & métier que ce foit, de
n'expofer en vente aucuns faux ouvrages & marchandifes con-
trefaites dépendans dudit métier de Patenôtrier, fur peine d'ê-
tre ladite marchandife arfe & brûlée, & celui fur lequel elle
aura été prife, condamné en l'amende, applicable comme
deffus.

XXVII.

Item. Et pour faire obferver, garder & entretenir ces Préfentes communes, il y aura quatre Jurez qui feront élûs pardevant le Prevôt de Paris, ou le Procureur du Roy en fa Chambre en la maniere accoutumée, par la Communauté dudit métier de Patenôtrier, lefquels feront changés par chacun an

comme les autres Jurez des autres métiers de cette Ville de Paris, par lefquels feront faits toutes Vifitations néceffaires à faire audit métier, tant en ladite Ville, que Fauxbourgs de Paris, fans que pour vifiter aufdits Fauxbourgs, ils foient tenus de demander licence aux Hauts-Jufticiers defdits Fauxbourgs, quelque privilege & droit de haute-Juftice qu'ils ayent efdits Fauxbourgs, attendu qu'il eft queftion de Police, de laquelle la connoiffance appartient feule au Prevôt de Paris, ou fes Lieutenans.

XXVIII.

Item. Pourront lefdits Jurez, fitôt & incontinent qu'ils auront été élûs & inftalés audit état de Jurez par notredit Procureur audit Châtelet, fe tranfporter ès maifons, & pardevers ceux qu'ils fçavent & connoiffent de préfent fe mêler defdits ouvrages & marchandife dudit métier, & les contraindre d'aller fervir les Maîtres dudit métier, ou bien du tout renoncer à icelui métier, fi mieux ils n'aiment fe faire recevoir Maîtres dudit métier de Patenôtrier. FAIT le Lundi vintiéme jour de Novembre, l'an mil cinq cent foixante-dix. Ainfi fignés, Simon le Serie, Philippes Malleheu, Pierre Prud'homme, Clement le Févre, Jean Bence, Claude Goffet, Denis Heudes, Vincent Balioys, & Jean Hyon. LESQUELS ART CLES, ainfi par lefdits Expofans de nouveau rédigés, & ci-deffus bien au-long tranfcrits, Nous aurions auparavant que leur pouvoir fur iceux renvoyés au Prevôt de Paris, ou fon Lieutenant, pour appellé notre Procureur, Nous en donner & envoyer leurs avis, comme ils ont fait ; fuivant lequel, d'autant que lefdits Expofans defirent les obferver, & garder à l'avenir, ils Nous ont très-humblement fuppliés & requis pour plus grande approbation d'iceux, les ratifier & avoir pour agréables, & fur ce leur impartir nos Lettres. Sçavoir faifons, qu'après avoir fait voir en notre Confeil lefdits nouveaux Articles, enfemble l'avis dudit Prevôt de Paris, ou fon Lieutenant, & notre Procureur audit lieu, ci-attachés fous le Contre-fcel de notre Chancellerie, de l'Avis d'icelui ; Avons iceuxdits Articles, comme bien raifonnables, loüés, ratifiés & approuvés, loüons, ratifions & approuvons, voulons & Nous plaît, que dorénavant ils foient par lefdits Jurez & Maîtres dudit état, que Nous avons de nouveau en tant que de befoin feroit créé, érigé & établi, créons, érigeons & établiffons en notredite Ville de Paris en métier-Juré, Gardes,

entretenus & obſervés de point en point ſelon leur forme &
teneur, ſans qu'il y ſoit ou puiſſe être ores, ni pour l'avenir autrement, en aucune ſorte & maniere que ce ſoit ; auſſi que leſdits Articles, avec notre préſente autoriſation & homologation puiſſent attribuer auſdits Expoſans aucun droit nouvel,
au préjudice des autres métiers de notredite Ville de Paris.
SI DONNONS EN MANDENENT au Prevôt dudit Pa-
ris, ou ſon Lieutenant, que nos préſentes ratification, création, vouloir & intention, & tout le contenu ci-deſſus, ils faſſent lire, publier & enregiſtrer, entretenir, garder & obſerver, enſemble leſdits Articles, de point en point ſelon leur
forme & teneur, ceſſant & faiſant ceſſer tous troubles & empêchemens au contraire ; CAR tel eſt notre plaiſir : Et afin
que ce fût choſe ferme & ſtable à toujours, Nous avóns fait
mettre notre Scel à ceſdites Préſentes, ſauf en autre choſe
notre droit, & l'autrui en toutes. DONNE' à Lihons au mois
de Juin, l'an de grace mil cinq cent ſoixante-onze, & de notre
Regne le onziéme. Signé ſur le repli, Par le Roy en ſon Conſeil, BRULART.

*ENREGISTRE' en la Chambre du Procureur du Roy, notre
Sire, au Châtelet de Paris, au Regiſtre appellé le ſecond, cahier
neuf, où ſont enregiſtrés les autres Ordonnances des Métiers de cette
Ville de Paris. Fait le premier jour de Juillet, l'an 1571.*
Signé, CONTENTOR, & COIGNET.

*LES préſentes Lettres ont été enregiſtrées au huitiéme Volume
des Bannieres, Regiſtre ordinaire du Châtelet de Paris, ſuivant
le Jugement cejourd'hui donné aux Modifications, & choſes y con-
tenuës, du conſentement du Procureur du Roy audit Châtelet. Fait
ce vingt-huitiéme jour de Juin ; l'an mil cinq cent ſoixante-onze.*
Signé, DROUARD, & REMY.

Les préſents Statuts ont été réimprimés du tems de LOUIS
MORET, & ANTOINE BERANGER, Anciens Maîtres
de ladite Communauté de Patenôtrier en Geais, &c.

ARREST

ARREST

DE LA COUR

DU PARLEMENT,

QUI permet aux Marchands Verriers, Fayanciers & aux
Veuves de Maîtres de faire venir d'au-delà de vingt
lieuës de cette Ville les Marchandises dont ladite Communauté fait négoce, à leurs risques, périls & fortunes, ce qu'ils feront tenus de justifier par l'état des
Marchands qui leur envoyeront lesdites Marchandises, lequel état & mémoire fera affirmé véritable par
lesdits Marchands, pardevant un Notaire des lieux
d'où elles feront envoyées.

Du 21. Juillet 1677.

EXTRAIT DES REGISTRES DU PARLEMENT.

ENTRE Leonard Aubry l'aîné ; Thomas le Febvre ;
Nicolas Houchard, & Claude Huguet, veuve d'Adrien
le Febvre, tous Marchands Verriers – Fayanciers &
Couvreurs de flacons & bouteilles en oziers, Demandeurs en
Requête du 3. Juin 1677. appellans d'une Sentence renduë par
le Lieutenant de Police au Châtelet du premier dudit mois de
Juin d'une part ; & les Jurés de la Communauté des Maîtres
Verriers-Fayanciers, Couvreurs de flacons & bouteilles, défen-
deurs & intimés d'autre ; & entre Louis Messager, Philippes
Cuvillier, Marie Semelle, veuve Denis Jullien, Pierre Dangre-
ville, Louis Person, François Chamois, Christophe Dumeny,
Jean Dufresnoy, Gilles Jacquemare le jeune, Nicolas Corbet,

F

Jean le Roy, Touſſaint Certain, Geneviéve le Maire, **veuve André Bucquet**, Leger Lorrain, Pierre Branlart, Jean Guyeux, Robert de le Moyne, veuve Charles David, Jacques Robert, Pierre Bucquet, Michel Baubion, Mathurin Moinery, François Certain le jeune, Guillaume Ollonde; Leonard Aubry le jeune, François Commandeur, Philippes le Febvre, Alexandre le Grand, Gilles Rouſſin, Guillaume Thomas, Fiacre & Charles Landart pere & fils, tous au nombre de trente-huit, faiſant la plus ſaine partie de ladite Communauté des Verriers-Fayanciers & Couvreurs de flacons & bouteilles de cettedite Ville, demandeurs´en Requête du 12. dudit mois de Juin afin d'intervention en la cauſe d entre ledit Leonard Aubry l'aîné & Conſorts, appellans, & leſdits Jurés intimés; faiſant droit ſur ladite intervention, qu'il fût ordonné qu'ils pourront demander à toutes ſortes de Marchands Forains & autres demeurans au-delà de la diſtance de vingt lieuës de cette Ville, dés Marchandiſes de toutes façons dont la Communauté fait débit & négoce, & les faire venir à leurs riſques, perils & fortunes directement en leurs maiſons ſans être obligez d'envoyer des Comiſſions, Lettres d'avis & mémoires paſſez pardevant Notaires, pour leſdites Marchandiſes arrivées être vûë & viſitées en leurſdites maiſons inceſſamment par les Jurez à la premiere requiſition ou ſommation qui leur ſera faite, & le tiers des verres & bouteilles venant de Lorraine ou ailleurs donné à ceux qui le requereront en payant le prix comptant ſuivant les Reglemens de ladite Communauté, & l'uſage obſervé & qui s'obſerve journellement en icelle Communauté, & ſans que leſdits Maîtres ſoient tenus de faire conduire leurs Marchandiſes dans le Bureau de ladite Communauté, qui eſt en l'Hôtellerie du grand Renard, ruë S. Denis, pour être viſitées & loties ainſi que le prétendent leſdits Jurez, qui ſeront condamnez aux dépens en leurs noms d'une part; & leſdits Jurés de la Communauté, leſdits Leonard Aubry l'aîné, Thomas le Fevre, Nicolas Houchard & Claude Huguet, veuve d'Adrien le Fevre, défendeurs d'autre, ſans que les qualités puiſſent préjudicier: Après que Février pour leſdits Jurez a demandé la réception de l'appointement aviſé au Parquet des Gens du Roy où les Parties avoient été renvoyées par Arrêt du dix-huit Juin dernier, & paraphé de Lamoignon pour le Procureur général du Roy.

LA COUR ordonne que l'appointement fera reçû, & fuivant icelui, faifant droit fur le tout a ordonné & ordonne que
les Statuts, Arrêts & Reglemens de la Cour intervenus fur le fait
dudit métier, feront exécutés, en conféquence a mis & met l'appellation, & ce dont a été appellé au néant; émandant a reçû
les Parties du Roy Parties intervenantes, permet à tous les Maîtres & veuves de Maîtres dudit métier, de faire venir d'au-delà
des vingt lieuës de cette Ville les Marchandifes dont ladite
Communauté fait négoce, à leurs rifques, perils & fortunes, ce
qu'ils feront tenus de juftifier par l'état des Marchans qui leur
envoyeront lefdites Marchandifes, lequel état & mémoire fera
affirmé véritable par lefdits Marchands pardevant un Notaire
des lieux d'où elles feront envoyées; permet en ce cas aufdits
Marchands de cette Ville de faire mener lefdites Marchandifes
venuës à leurs rifques, perils & fortunes, directement en leurs
maifons, de l'arrivée defquelles ils feront tenus de donner avis par
écrit aux Maîtres Jurez, pour aller voir & vifiter dans les vingt-
quatre heures lefdites Marchandifes, fans que lefdites Marchandifes puiffent être déballées qu'après ladite vifite, defquelles Marchandifes le tiers fera diftribué aux Maîtres dudit métier
en payant par eux comptant, fuivant le même prix qui fera porté
par l'état du Marchand Forain; & à l'égard des Marchandifes
qui feront amenées en cette Ville par les Marchands Forains fur
leur compte, élles feront déchargées directement au Bureau des
Maîtres dudit métier, fous peine de cinq cens livres d'amende,
& de confifcation defdites Marchandifes: main-levée audit Aubry des chofes fur lui faifies, dépens compenfez. Fait en Parlement le vingt-un Juillet mil fix cent foixante-dix-fept. Collationné avec paraphe. Signé, JACQUES.

Le préfent Arrèt a été imprimé à la diligence de PIERRE DESI-
REUX, JEAN-FRANÇOIS GUEUX, NICOLAS LE SCESTRE,
& JEAN BAPTISTE CHICANEAU, *Jurez & Gardes de préfent en
Charge, en l'année* 1710.

ARREST

DE LA COUR

DU PARLEMENT,

EN FORME DE REGLEMENT.

Du 28 Août 1727,

LOUIS par la grace de Dieu , &c.
Entre Simon Maſſon & Conforts, Faiſeurs de Bouchons de Liege, les Maîtres Patenôtriers en Os, Corne & Bois, Demandeurs & Défendeurs, d'une part.

Les Jurés en Charge de la Communauté des Maîtres & Marchands Verriers-Fayanciers-Emailleurs de la Ville & Fauxbourgs de Paris, Défendeurs & Demandeurs.

Les Maîtres & Gardes du Corps des Marchands Merciers, Jouailliers, Groſſiers de ladite Ville & Fauxbourgs de Paris , auſſi Defendeurs & Demandeurs.

Et encore les Jurés en Charge de la Communauté des Maîtres Boiſſeliers , Souffletiers & Lanterniers de ladite Ville & Fauxbourgs de Paris, Intervenans, d'autre part.

Vû par notre Cour les Lettres Patentes, &c. Les demandes reſpectives des Parties ; Arrêt d'appointé en droit, du 11 Janvier 1727. Production & contredits deſdites Parties; Concluſions de notre Procureur Général : Tout joint & conſideré. NOTREDITE COUR, faiſant droit ſur le tout ; ayant aucunement égard à la demande dudit Maſſon & Conforts, & à celle des Patenôtriers-Cornatiers , afin d'Enregiſtrement des Lettres Patentes du 5 Octobre 1726. à celle des Maîtres & Gardes du Corps des Marchands Merciers, & à celle des Jurés Fayanciers-Emailleurs, les a reçûs oppoſans à l'Enregiſtrement defdits Statuts, du 29 Juillet 1726. & Lettres Patentes, en ce que les Articles 19 & 22. defdits Statuts, donnent aux Patenôtriers - Bouchonniers les Titres & Qualités de Gardes ; en ce que les Articles 21, 26 & 28. donnent au mêtier de Patenôtrier le nom de Commerce indéfiniment ; en ce que par les Articles 20 & 21. il rapporte : Il eſt porté que les Patenôtriers - Bouchonniers, feront, à l'exclufion de tous autres, des Bouchons de Liege ; & que défenfes font faites à toutes perfonnes de quelques qualités & conditions qu'elles foient, de faire travailler, vendre, débiter & colporter aucuns Bouchons de Liege ni d'en faire magafin ; & qu'il eſt permis aux Jurés defdits Patenôtriers - Bouchonniers, de fe tranfporter dans les maifons des contrevenans, affiftés feulement d'un Commiffaire & d'un Huiffier : En ce que par l'Article 22. il eſt dit que les Bouchons de Liege, qui fe trouveront amenés à Paris par les Marchands Forains, feront amenés au Bureau des Patenôtriers, pour y être vûs, vifités & lottis entre les Maîtres Patenôtriers-Bouchonniers ; en ce que l'Article 23. fait mention de marchandifes que les Maîtres font venir, fans déterminer le mot de marchandifes ouvragées ou non ouvragées ; en ce que l'Article 26. permet aux Patenôtriers - Bouchonniers, de faire venir de dehors, & d'acheter où bon leur femblera des Bouchons, en ce que l'Article 27. prononce la confifcation des Lieges, Sceaux de Liege qui fe trouveront chez autres que chez les Patenôtriers - Bouchonniers : Faifant droit fur les difpofitions aux chefs fufdits ; Ordonne qu'il fera procédé à l'Enregiſtrement des Lettres Patentes, en la maniere accoutumée, fi faire fe doit, à la charge néanmoins. Premierement, que les Qualités & Titre de Gardes inferés dans les Articles 19. & 22. defdits Statuts, feront rayés, & que lefdits Patenôtriers - Bouchonniers ne pourront prendre que la Qualité de Juré. Secondement, Que la faculté de vendre & débiter des Bouchons de Liege, à l'exclufion de toutes autres perfonnes, portée par l'Article 20. ne pourra nuire ni préjudicier aux droits des Marchands Merciers ; & que défenfes faites à toutes pèrfonnes, par ledit Article 21. de les vendre & débiter, faire magafin, en feront reftraintes aux perfonnes qui ne feront pas Marchands Merciers ni Fayanciers, Emailleurs ; En conféquence fait défenfe aufdits Patenôtriers - Bouchonniers, de troubler lefdits

Marchands Merciers dans la liberté de leur Commerce ; a maintenu les Maîtres Verriers-Fanciers, dans le droit & possession de faire faire, fabriquer, vendre & débiter des Bouchons & Sceaux de Liege : Fait defenses ausdits Patenôtriers-Bouchonniers, de faire aucune Visite ni Saisie chez lesdits Marchands & lesdits Fayanciers - Emailleurs. Troisiément, que lesdits Patenôtriers, Bouchonniers ne pourront faire venir de dehors des Bouchons de Liege, ni acheter lesdits Bouchons de Liege fabriqués, soit des Marchands Forains, soit d'autres, ni faire aucune Visite des Bouchons qui seront apportés par lesdits Marchands Forains, leur permet seulemeut de faire venir des matieres de Liege, pour ensuite les convertir en Bouchons ou autres ouvrages de Liege, d'acheter lesdites matieres de Liege où bon leur semblera, & de faire & fabriquer, vendre & débiter les Bouchons ou autres ouvrages de Liege, faits & fabriqués par eux, leurs parents, Apprentifs, Garçons, Serviteurs ou Domestiques : En conséquence que l'Article 22. desdits Statuts sera rayé en son entier ; que l'Article 23. ne s'entendra que des marchandises non ouvragées. Quatriémement, que le terme de Commerce inseré dans les Articles 21, 26 & 28. ne s'entendra que de la liberté accordée ci-dessus ausdits Patenôtriers- Bouchonniers, de faire venir de dehors & acheter par tout où bon leur semblera des marchandises de Liege, & non de la fabrication ou vente & débit qu'ils feront de ladite marchandise ; donne Acte ausdits Verriers-Fayanciers de leur déclaration, que c'est par erreur que dans les qualités de leur Requête du 4 Janvier dernier & autres écritures, les Qualités de Maîtres & Gardes leurs ont été données, de ce qu'ils s'en tiennent à la simple Qualité de Jurés : Déboute lesdits Soufletiers - Lanterniers, de leur intervention & demande ; sur le surplus des demandes, fins & conclusions des Parties, les a mises hors de Cour, tous dépens compensés. Si MANDONS, &c. DONNE' à Paris en Parlement le 28 Août 1727. & de notre Regne le douziéme. Collationné. Signé par la Chambre, DUFRANC. Signé pour Copie, BERTRAND.

Signifié à Me Rochon, Procureur desdits Maîtres & Marchands Verriers-Fayanciers-Emailleurs de la Ville & Fauxbourgs de Paris, le 22 Décembre 1727.

Le préfent Arrêt a été obtenu à la diligence des Sieurs CLAUDE FAY, ANTOINE CHOUDART-DES-FORGES, JEAN-BAPTISTE-MARIE BELLEVAUX, & EDME-HENRY THOMAS, lors Jurés en Charge.

MOYENS D'OPPOSITIONS

POUR les Maîtres & Marchands Verriers-Fayanciers-Emailleurs, Couvreurs de Flacons & Bouteilles de la Ville de Paris.

CONTRE les Maîtres de la Communauté des Patenôtriers, Cornantiers, Volantiers-Bouchonniers de la Ville de Paris.

LA prétention des Patenôtriers n'eft point foutenable, de vouloir avoir une exclufion contre une Communauté qui a un droit inconteftable de faire faire, fabriquer, vendre & débiter des Bouchons de Liege, puifque le droit des Verriers eft établi, tant par leurs Satuts, que par l'Arrêt du 28 Août 1727.

L'établiffement des Verriers eft de 1600.

Conformément aux Articles dix-feptiéme defdits Statuts & vingt-troifiéme du renouvellement d'icelui, il eft porté que Sa Majefté fait très-exprès Commandement aufdits Verriers-Fayanciers, Couvreurs de Flacons & Bouteilles de la Ville de Paris, de mettre aux Flacons & Bouteilles de bonnes cordes à trois cordons, & des Bouchons faits de bon Chanvre ou d'Etoupes bien nettes ; & fuivant l'Article 10. defdits Statuts, ils ont droit de faire façonner, enjoliver fur les Fayances & autres Ouvrages dépendans de leur Art, tout ce qu'ils eftimeront à propos pour la fatisfaction, la curiofité & le contentement du Public.

Les nouveaux & anciens Statuts n'ont jamais été conteftés par aucunes perfonnes, ils ont été enregiftrés fans aucune oppofition de qui que ce foit ; & toutes les fois que quelqu'un a voulu empêcher les Maîtres Verriers, Couvreurs de Flacons & Bouteilles, ils en ont été déboutés, comme étant leur état & droit établi.

Le premier ufage des Flacons & Bouteilles de Verre, étoient couvertes d'ofier, & leurs Bouchons étoient de Filaffe.

L'ufage de ces fortes de Bouteilles a changé par l'induftrie des Verriers-Fayanciers qui ont inventé une nouvelle façon de Flacons & de Bouteilles de Verre plus folides que les premieres ; mais pour mieux conferver les liqueurs qui feroient mifes dans lefdits Flacons & Bouteilles, ils ont inventé de faire venir des Lieges, dont ils ont fait des Bouchons ; & cela, depuis que les Bouteilles d'ofier n'ont plus été en ufage, cela prouve que ce font eux qui ont le droit de les fabriquer & faire fabriquer, & les vendre.

Il a plû à differens Particuliers de leurs Ouvriers aufquels ils avoient appris à faire & façonner lefdits Bouchons, de fortir de chez eux, à la relation des Maîtres Patenôtriers, Cornantier-Volantiers qui ont promis à cefdits Ouvriers de les admettre dans leur Communauté, pour avoir droit feuls de faire des Bouchons, pour en ôter le droit aux Verriers-Fayanciers & Couvreurs de Flacons & Bouteilles ; pour cet effet, ils préfenterent des Statuts dont nombre d'Articles bleffoient plufieurs Communautés.

Ils ont en effet obtenu des Lettres Patentes le 2 Juin 1726. qu'il ont voulu faire enregiftrer ; mais les Marchands Merciers les Boiffeliers & les Verriers-Fayanciers y formerent oppofition.

Cela donna lieu à une conteftation avec les fufnommés ; & après le vû des Pieces des Parties, il eft intervenu Arrêt du Parlement, du 28 Août 1727. qui a retranché nombre d'Articles & laiffé fubfifter ceux qui concernoient la Communauté en laquelle ils vouloient entrer, qui regardoient les Verriers-Fayanciers, Couvreurs de Flacons & Bouteilles, & qui fait défenfes aufdits Patenôtriers-Bouchonniers de troubler lefdits Verriers-Fayanciers, & les a maintenus dans le droit & poffeffion de faire faire, fabriquer, vendre & débiter Bouchons & Sceaux de Liege : Fait defenfes aux Patenôtriers-Bouchonniers, de faire aucune Vifite ni Saifie chez les Verriers-Fayanciers ; que les Patenôtriers-Boutonniers ne pourroient faire venir

nir de dehors des Bouchons de Liege, ni acheter lefdits Bouchons de Liege, foit fabriqués, foit des Marchands Forains,
foit d'autre, ni faire aucune Vifite de Bouchons qui feront apportés par les Forains, leur permet feulement de faire venir des
matieres de Liege, pour enfuite les convertir en Bouchons ou
autres Ouvrages de Liege.

Que malgré l'Arrêt ci-deffus datté, lefdits Bouchonniers
ayant voulu faifir à un des Maîtres de la Communauté des Verriers, qui eft Jean Bertault, fix milliers de Bouchons de Liege,
ils l'auroient fait affigner; & par Sentence de Monfieur le Lieutenant Général de Police, du 9 Septembre 1735. la faifie par
eux faite a été déclarée nulle, avec dépens.

Il eft certain, fuivant ce que deffus, qu'il eft établi que les
Verriers-Fayanciers, Couvreurs de Flacons & Bouteilles, ont
été en droit de faire feuls, depuis leur établiffement jufqu'au 28
Août 1727. que les Particuliers en queftion ont fait Corps avec
les Cornetiers & Volantiers; & il leur a été feulement permis
de faire des Bouchons fans exclufion aux Verriers qui en font
les premiers Inventeurs; d'ailleurs, aucune Communauté ne
peut, en faifant renouveller des Statuts, rien changer en façon
quelconque, en ce qui peut concerner les autres Communautés, ni leur préjudicier, ils peuvent feulement fe difcipliner
entr'eux, & non point toucher au droit d'autrui.

Les Magiftrats ont attention & veillent eux-mêmes à ce qu'il
ne foit fait aucun changement.

Il eft encore à obferver qu'il y a plus de cinquante ans que
la plus grande quantité des Marchands Verriers n'ont d'autre
Profeffion que le Bouchon, & enfin le droit leur eft acquis, ce
n'eft qu'en 1727. qu'ils ont eu avec eux les Parties adverfes.

Après ce que deffus obfervé, il n'y a nul difficulté de recevoir l'oppofition des Verriers-Fayanciers, Couvreurs de Flacons
& Bouteilles, oppofans à la prétention defdits Patenôtriers;
faifant droit fur l'oppofition, dire que les Statuts de leur Communauté, & l'Arrêt dudit jour 28 Août 1727. feront exécutés felon leur forme & teneur; & en conféquence, que lefdits
Verriers demeureront gardés & maintenus dans le droit de faire faire & fabriquer des Bouchons de Lieges, fuivant & au
terme dudit Arrêt.

Le Mercredi quinze Mars 1741. Me Boucau, Procureur, &

été avec Meſſieurs les Jurés Fayanciers, depuis quatre heures juſ-
qu'à ſept heures chez M. de Marville, Lieutenant général de Po-
lice, où M. le Procureur du Roy, & M. ſon Fils Avocat du Roy,
après avoir entendu les Jurés Bouchonniers, M. de Marville a en-
joint aux Bouchonniers de laiſſer en repos la Communauté des Mar-
chands Verriers-Fayanciers, parce qu'ils avoient le droit de faire
des Bouchons aux termes de l'Arrêt d'Enregiſtrement, du vingt-huit
Août mil ſept cent vingt-ſept, des Statuts de la Communauté des
Bouchonniers.

ARREST
DE LA COUR
DE PARLEMENT,

QUI maintient la Communauté des Marchands Ver-
riers-Fayanciers-Emaillleurs, dans le pouvoir de
vendre toutes ſortes de Vins de Liqueurs, comme
ils ont eu de tout tems.

Du 3. Septembre 1721.

LOUIS par la grace de Dieu Roy de France & de Navarre : Au premier Huiſſier de notre Cour de Parlement, ou autre notre Huiſſier ou Sergent ſur ce requis,
ſçavoir faiſons : Qu'entre François Dupin, Capitaine de Vaiſſeaux à Marſeille, appellant d'une Sentence renduë par le
Lieutenant général de Police au Châtelet de Paris, le 29. Juillet 1721. d'une part ; & les Maîtres & Gardes du Corps de la
Communauté des Marchands de Vin de la Ville & Fauxbourgs
de Paris ; & les Maîtres & Gardes des Marchands Epiciers,
Apoticaires-Epiciers de cette Ville de Paris, Intimés d'autre :
Et entre Me. Charles Cordier, chargé de la Régie des Fer-

mes du Roy, demandeur en Requête du 23. Août 1721. à ce qu'il fût reçû partie intervenante en la Caufe ; faifant droit fur l'intervention defdits Maîtres & Gardes des Marchands de Vins, du privilege exclufif par eux prétendu , de vendre & faire commerce de Vins de liqueur dans cette Ville & Faux-bourgs de Paris, en conféquence, ordonner qu'il fera permis à tous Bourgeois & autres , de faire venir dans cette Ville de Paris , telle quantité de Vins de Liqueurs qu'ils jugeront à pro-pos, en payant les Droits dûs au Roy, conformement à l'Or-donnance ; & en cas de conteftation , condamner les Conte-ftans aux dépens d'une part , & ledit Dupin, lefdits Maîtres & Gardes des Corps de la Communauté des Marchands de Vins, & lefdits Maîtres & Gardes des Marchands Epiciers , Apoti-caires-Epiciers de cette Ville de Paris, défendeurs d'autre : & entre la Communauté des Marchands Fayanciers-Emailleurs de la Ville de Paris, demandeurs en Requête du 26. Août 1721. à ce qu'il plût à la Cour les recevoir parties intervenantes en la Caufe ; faifant droit fur l'intervention , debouter les Mar-chands de Vins de leur demande , à ce qu'ils ayent le droit ex-clufif, de vendre des Vins d'Alican, de Canarie & autres Vins de Liqueurs ; en conféquence , ordonner que les Fayanciers-Emailleurs continuëront de vendre ces fortes de Vins comme ils ont toujours fait ; & en cas de conteftation , condamner les Conteftans aux dépens, d'une part ; & lefdits Dupin , Maîtres & Gardes du Corps & Communauté des Marchands de Vins, Cordier, Maîtres & Gardes des Marchands Epiciers, & Apoti-caires-Epiciers, défendeurs d'autre : & entre lefdits Maîtres & Gardes des Marchands Epiciers, & Apoticaires-Epiciers de la Ville de Paris, demandeurs en Requête dudit jour 26. Août 1721. à ce qu'ils fuffent reçûs parties intervenantes en la Cau-fe ; faifant droit fur l'intervention, mettre fur l'appel interjetté par le fieur Dupin à leur égard de la Sentence du Lieutenant général de Police, du 29. Juillet 1721. l'appellation au néant, ordonner que ce dont a été appellé, fortira effet ; condamner le-dit fieur Dupin en l'amende, recevoir lefdits Maîtres & Gar-des des Marchands Epiciers, & Apoticaires-Epiciers, appellans de ladite Sentence aux Chefs qui leur font préjudice ; faifant droit fur ledit appel, mettre l'appellation, & ce dont a été ap-pellé au néant, émandant maintenir & garder les Marchands

Epiciers au droit & poſſeſſion de faire venir, vendre & débiter toutes ſortes de Vins étrangers, faire défenſes à toutes perſonnes ſans qualité d'en vendre ; en conſéquence, adjuger auſdits Maîtres & Gardes des Marchands Epiciers, & Apoticaires-Epiciers telle ſomme qu'il plaira à la Cour ſur les deniers qui proviendront de la vente des marchandiſes dont la confiſcation a été prononcée par la Sentence dont ledit ſieur Dupin eſt appellant, d'une part ; celles deſdits Dupin, & Maîtres & Gardes du Corps & Communauté des Marchands de Vins, Intimés & défendeurs d'autre : & entre la Communauté des Fayanciers-Emailleurs, & ledit Cordier, défendeurs d'autre : & entre ledit Dupin, demandeur en Requête du 17. Août 1721. à ce qu'en plaidant la Cauſe, il plût à la Cour mettre l'appellation, & ce dont a été appellé au néant, émandant déclarer les ſaiſies faites à la requête des Maîtres & Gardes des Marchands, des 147. Pipes de Vins de Canarie, 134. Pipes de Vins d'Alican, 102. Bouteilles de Cidre, 2500. Caraffons vuides, & 14. Caraffons pleins de Vins de Canarie & d'Alican, le tout appartenant audit Dupin ; les Procès verbaux du Commiſſaire Labbé, dans les Caves où ſont les Vins, & toute la Procedure faite en conſéquence, nulles, injurieuſes tortionnaires & déraiſonnables, faire main-levée audit ſieur Dupin des choſes ſaiſies, dont les gardiens, Commiſſaire & dépoſitaires demeureront déchargés ; débouter leſdits Maîtres & Gardes des Marchands de Vins de toutes leurs demandes, décharger ledit ſieur Dupin des condamnations portées par ladite Sentence ; ordonner que le Subſtitut de M. le Procureur général au Châtelet, ſera tenu de nommer ſon dénonciateur pour la pourſuite des dommages & interêts dûs audit ſieur Dupin ; condamner les Maîtres & Gardes des Marchands de Vins en 2000. liv. de dommages & interêts, ſi mieux ils n'aimoient, ſuivant la liquidation qui en ſera faite en la maniere accoutumée, & aux dépens, tant des cauſes principales que d'appel, d'une part, & leſdits Maîtres & Gardes du Corps & Communauté des Marchands Epiciers, & Apoticaires-Epiciers, Cordier & la Communauté des Fayanciers-Emailleurs, défendeurs d'autre : Après que Quillet de Blaru, Avocat de Dupin, Guerin Avocat de Cordier, Groteſte Avocat des Fayanciers de Paris, Prevôt Avocat des Maîtres & Gardes des Marchands Epiciers, & Apoticaires, & Normant Avo-

eat des Maîtres & Gardes du Corps des Marchands de Vins
de Paris, ont été oüis pendant deux Audiences ; enfemble de
Lamoignon pour notre Procureur général. NOTREDITE
COUR, fur l'intervention de la Partie de Guerin, met les
Parties hors de Cour, reçoit les Parties de Grotefte & de Prevôt Parties intervenantes, & celles de Prevôt appellantes ;
ayant aucunement égard à leurs interventions, & faifant droit
fur l'appel des Parties de Prevôt, a mis & met l'appellation &
ce dont a été appellé au néant, émandant, maintient refpec-
tivement les Parties de Prevôt, de Grotefte & de Normand,
& autres, dans la poffeffion où elles font, d'acheter & vendre
des Vins de Liqueurs, en fe conformant aux Réglemens de Police, & aux Statuts de leurs Communautés ; & faifant droit fur
l'appel interjetté par la Partie de Quillet de Blaru, a mis & met
l'appellation & ce dont a été appellé au néant ; émandant, la
Partie déchargée des condamnations portées par la Sentence ;
en conféquence, fait main-levée des faifies fur elle faites à la
requête des Parties de Normant, fera néanmoins tenu de rem-
bourfer aux Parties de Normant les frais de faifies par elles
faits ; faifant droit fur la réquifition de notre Procureur général, enjoint à la Partie de Quillet de Blaru de fe conformer
à l'Ordonnance ; ordonne qu'à l'avenir toutes perfonnes de
quelques qualités & profeffions qu'elles foient, qui feront arri-
ver à Paris plus grande quantité que deux Pipes de Vins de Liqueurs, feront tenus de faire leur déclaration au Greffe de
l'Hôtel de Ville, dans huitaine du jour de l'arrivée, des lieux
où les Vins auront été enlevés, d'en faire fixer le Prevôt des
Marchands conformément à ladite Ordonnance, & de mettre
des Affiches qui contiendront le prix fixé ; fur la demande en
dommages & interêts de la Partie de Quillet de Blaru, met les
Parties hors de Cour, tous dépens compenfés entre toutes les
Parties. Si TE MANDONS mettre le préfent Arrêt à exécution,
de ce faire te donnons pouvoir. FAIT à Paris en notredite Cour
de Parlement, le troifiéme jour de Septembre mil fept cent
vingt-un, & de notre Regne le feptiéme. Collationné avec paraphe. Signé, DUFRANC, avec paraphe.

Signifié le 23. Septembre 1721.

Le préfent Arrêt a été imprimé à la diligence & du tems

de la Jurande de JEAN RAUX, FRANÇOIS JACQUEMART, NICOLAS VINCENT & GUILLAUME ARMANT,

SENTENCES DE POLICE,

QUI condamnent le nommé Cochois, à payer les Droits dûs aux Jurez de la Communauté des Marchands Verriers-Fayanciers-Emailleurs à Paris, pour la Visite des Fayances qu'il a fait entrer en ladite Ville.

Des 9. Juin & premier Décembre 1724.

A TOUS ceux qui ces présentes Lettres verront. Gabriel-Jerome de Bullion, Chevalier-Comte d'Esclimont, Prevôt de Paris : SALUT, sçavoir faisons, que sur la Requête faite en Jugement devant Nous en la Chambre de Police du Châtelet de Paris, par Me. Claude Gouallard l'aîné, Procureur des Jurez en charge de la Communauté des Maîtres & Marchands Verriers-Fayanciers-Emailleurs à Paris, Demandeurs en confirmation de l'avis contradictoire de Monsieur le Procureur du Roy du 11. May dernier, suivant la Requête verbale signifié le 16. dudit mois par Tristan Audiancier, ledit Avis portant que les Statuts & Réglemens de ladite Communauté seront exécutez, & en conséquence le ci-après nommé condamné à payer ausdits Jurez la somme de 23. livres 11. sols, pour les Droits de Visite des Marchandises en question, intérêts & dépens, assisté de Me. Sandrier leur Avocat, contre Me. Brigeon Procureur de Jean-Baptiste Cochois, Marchand de Fayance de Rouen Défendeur ; & par vertu du défaut de Nous donné, contre ledit Me. Brigeon audit nom,

non comparent. Vû l'Avenir à ce jour : NOUS avons l'avis
du Procureur du Roy du 11. May dernier confirmé pour être
exécuté felon fa forme & teneur , avec dépens ; ce qui fera
exécuté fans préjudice de l'appel : En témoin de quoi Nous
avons fait fceller ces Préfentes , qui furent faites & données
par Meffire Jean-Baptifte-Nicolas Ravot d'Ombreval , Confeiller du Roy en fes Confeils, Maître des Requêtes ordinaire de
fon Hôtel , Confeiller d'honneur en fa Cour des Aydes , Lieutenant Général de Police de la Ville , Prévôté & Vicomté de
Paris , tenant le Siége le Vendredy 9. Juin 1724. Signé par
Collation , T █████ DIVEAU. Et Scellé.

Signifié à Me. Brigeon Procureur , le 8. Juillet 1724. par
ARNOULT , Audiencier.

A TOUS ceux qui ces préfentes Lettres verront. Gabriel-
Jérome de Bullion , Chevalier Comte d'Efclimont , Meftre de Camp du Régiment de Provence Infenterie , Confeiller du Roy en fes Confeils , Prévôt de Paris. SALUT , fçavoir
faifons ; Que fur la Requête faite en Jugement devant Nous en
la Chambre de Police , par Me. Claude Gouallard l'aîné , Procureur des Jurez en charge de la Communauté des Maîtres
& Marchands Vérriers-Fayanciers-Emailleurs à Paris , Demandeurs en exécution de notre Sentence du 9. Juin dernier &
Défendeurs à l'oppofition y formée , par Requête du 16. Juillet fuivant, & à la demande incidente portée par des moyens
du 29. & aux fins de la Requête verbale du 7. Août fuivant ,
& Demandeurs incidemment fuivant leurs moyens fignifiez le
17. à ce que les deniers étant ès mains du fieur Jacquemart ,
l'un des Maîtres de ladite Communauté , appartenans au fieur
Cochois , ci-après nommé , feroient donnez & délivrez aufdits
Jurez , en déduction ou jufqu'à concurrence des 23. livres 11.
fols , à eux dûs & adjugez par notredite Sentence , interêts &
frais , & défendeurs à la Requête verbale fignifiée le 21. dudit mois ; Et encore demandeurs en exécution de notre Sentence du 29. affifté de Me. Sandrier leur Avocat , contre Me.
Brigeon , Procureur du fieur Jean-Batifte Cochois , Marchand
Forain de Fayance , demeurant à Rouen , Défendeur & Demandeur , affifté de Me. Duret , fon Avocat. Parties ouyes :

NOUS avons la Partie de Duret débouté de son opposition, & en conséquence disons que notre Sentence du 9. Juin sera exécutée avec dépens ; & pour faciliter le payement de la somme de 23. livres 12. sols, adjugée par notre Sentence, intérêts & frais; DISONS, Que les deniers dûs à ladite Partie de Duret par le sieur Jacquemart, seront donnés & délivrés à celle de Sandrier, en déduction ou jusqu'à concurrence de ladite somme, intérêts & frais : Ce qui sera exécuté nonobstant & sans préjudice de l'appel. En témoin de ce Nous avons fait sceller ces Présentes, qui furent faites & données par Messire Jean-Baptiste Ravot, Chevalier Seigneur d'Ombreval, Conseiller du Roy en ses Conseils, Lieutenant Général de Police au Châtelet de Paris, tenant le Siege le Vendredi premier Décembre mil sept cent vingt-quatre. Signé par Collation, CUIRET. Et scellé le neuf Décembre mil sept cent vingt-quatre. Signé, DOYARD, Audiencier.

Signifié à Me Brigeon à domicile, le 14 *Décembre* 1724. Signé, TRISTANT, Audiencier.

Lesdites Sentences ont été obtenuës à la diligence de NICOLAS ROBERT, NICOLAS MARTINIERE, PIERRE MESSAGER & MATHURIN LENEUTRE, lors Jurés en Charge.

ARREST

DE LA COUR

DE PARLEMENT,

Du 2. *Avril* 1727.

LOUIS par la grace de Dieu Roy de France & de Navarre : Au premier Huissier de notre Cour de Parlement ou autre notre Huissier ou Sergent sur ce requis : Sçavoir faisons fons, qu'entre Maître Jean-Baptifte Cochois, Marchand Forain, Manufacturier de Fayances à Roüen, Appellant de deux Sentences renduës par le Lieutenant Général de Police du Châtelet de Paris, des 16 Novembre 1725. & 11 Janvier 1726. par la premiere defquelles il a été ordonné que les Statuts de la Communauté des Intimés ci-après nommés, Arrêts & Reglement d'icelle, feront exécutés; en conféquence la faifie faite à leur Requête fur ledit Cochoix, déclarée bonne & valable, lefdites marchandifes faifies, portées au Bureau de ladite Communauté, pour y être venduës; & néanmoins pour cette fois le prix en provenant, rendu audit Cochois, icelui condamné en trente liv. de dommages & interêts envers les Intimés, en dix liv. d'amende, avec défenfe de recidiver, fous telle peinequ'il appartiendroit, & aux dépens; & par la feconde, ordonné que la premiere fera exécutée, avec dépens, & Demandeur en Requêtes des 10 Juillet 1726. & 27 Mars dernier. La premiere, en ce qu'en infirmant lefdites Sentences il fût déchargé des condamnations contre lui prononcées par icelles, la faifie de fes marchandifes & effets, faite à la requête des Intimés ci-aprés nommés, le dix-huit Octobre 1725. & établiffement de Commiffaire & Gardien déclarés nuls, que main-levée lui en fût faite à la repréfentation Damour, Gardien, contraint par corps, comme dépofitaire de biens de Juftice, quoi faifant déchargé, les Intimés condamnés en trois mille livres de dommages & interêts & aux dépens des Caufes principale, d'Appel, & Demande : Et la deuxieme, à ce que main-levée pure & fimple lui fût faite de la faifie-arrêt fur lui faite à la requête des Intimés, entre les mains de François Jacquemarc, à payer & rendre à fes mains par ledit Jacquemarc en celle dudit Cochois contraint; quoi faifant, déchargé avec dommages, interêts & dépens d'une part; les Intimés, Maîtres & Gardes de la Communauté des Maîtres & Marchands Verriers, Fayanciers, Emailleurs de cette Ville & Fauxbourgs de Paris, Intimés & Défendeurs d'autre part : Après que Cadet, Avocat de Jean-Baptifte Cochois, & Pecouleau, Avocat de la Communauté des Verriers-Fayanciers ont été ouis : Enfemble Gilbert pour le Procureur Général du Roy. LADITE COUR, fans s'arrêter à la Requête de la Partie de Cadet, afin de main-levée de la faifie des marchandifes en queftion, a mis & met

H

l'Appellation au néant ; Ordonne que ce dont a été appellé, fortira effet , condamne l'Appellant en l'amende de douze li-vres, & aux dépens ; & néanmoins de grace a moderé l'amen-de à trois livres, & les dommages & intérêts à dix livres. Sur la demande afin de main-levée des faifies & arrêts : Ordon-nent que les Parties fe pourvoiront. Si MANDONS mettre le préfent Arrêt à exécution felon fa forme & teneur ; de ce faire te donnons pouvoir. DONNÉ en Parlement le deux Avril, l'an de grace mil fept cent vingt-fept , & de notre Regne le douze. Collationné. LUCAS. Par la Chambre , Signé, MINET.

Le neuf Avril mil fept cent vingt-fept , figniflé & baillé copi e à Me Albin, Procureur, en fon domicile , parlant à fon Clerc. Signé, GADBOIS.

Le préfent Arrêt a été obtenu à la diligence des Sieurs CLAUDE FAY , CHOUDAR-DES-FORGES , JEAN-BAPTISTE-MARIE BELLEVAUX & EDME-HENRY THOMAS , lors Jurés en Charge.

SENTENCE

DE M. LE LIEUTENANT GENERAL

DE POLICE.

QUI déclare valable la Saifie faite chez le Sieur de Prefle, Marchand Mercier , de plufieurs Criftaux expofés en vente dans fon Magafin ; & fait défenfes audit de Prefle de plus à l'avenir entreprendre fur la Profeffion des Fayanciers.

A Tous ceux qui ces Préfentes Lettres verront Gabriel-Jeró-me de Bullion, Chevalier, Comte d'Efclimont, Meftre de Camp du Régiment de Provence , Infanterie , Prevôt de Paris.

SALUT, sçavoir faisons, que sur la requête faite en Jugement de vant nous a l'Audience de la Chambre de Police du Châtelet de Paris., par Me Milet, Procureur des urés en Charge de la Communauté des Marchands Verriers-Fayanciers-Emailleurs à Paris , Demandeurs aux fins de leur Requête & Exploit des 12 & 15 Octobre dernier, faits par Girard, Huissier à Cheval de la Cour , contrôlé & présenté, & Défendeurs à la demande incidente portée par les moyens signifiés le 30 dudit mois , & assistés de Me Sandrier leur Avocat, contre Me le Rebours, Procureur du sieur le Presle, Marchand Mercier à Paris , Défendeur aux Requêtes & Exploit susdattes, & incidemment Demandeur , & suivant les moyens aussi susdattés & assisté de Me Duret leur Avocat : Parties ouies, sans que les qualités puissent nuire ni préjudicier, nous avons la saisie en question déclarée bonne & valable ; en conséquence, Ordonnons que les choses saisies seront venduës au Bureau des Parties de Sandrier, pour les deniers en provenans pour cette fois,& sans tirer à conséquence , être rendus à la Partie de Duret, à l'exception de trente livres qui demeureront aux Parties de Sandrier par forme de dommages & interêts , faisons défenses à la Partie de Duret de plus à l'avenir entreprendre sur la Profession des Parties de Sandrier ; condamnons la Partie de Duret aux dépens, ce qui sera exécuté nonobstant & sans préjudice de l'Appel : En témoin de ce, nous avons fait sceller ces Présentes. Ce fut fait & donné par Messire René Herault , Chevalier , Conseiller d'Etat, Lieutenant Général de Police de la Ville, Prevôté & Vicomté de Paris, tenant le Siége le Vendredi 15 Novembre mil sept cent trente-sept. Collationné. Signé, CUYRET. Scellé le 7 Décembre 1737. SAUVAGE.

ARREST
DE LA COUR
DU PARLEMENT,

Confirmatif de ladite Sentence.

Du quatorze Juillet 1742.

LOUIS par la grace de Dieu Roy de France & de Na-
varre : Au premier des Huiffiers de notre Cour de Parlement ou autre Huiffier ou Sergent fur ce requis ; Sçavoir fai-
fons, qu'entre Charles de Prefle, Marchand Mercier à Paris,
Appellant de Sentence du Lieutenant Général de Police du
Châtelet de Paris, du 25 Novembre 1737. de la faifie du 14
Octobre précedent, & de tout ce qui a fuivi, d'une part, & les
Jurés en Charge de la Communauté des Maîtres & Marchands
Verriers-Fayanciers-Emailleurs à Paris, Intimés d'autre part,
& entre les Maîtres & Gardes du Corps des Marchands Merciers-Groffiers-Jouailliers de la Ville & Fauxbourgs de Paris,
Demandeurs en Requête du 21 Janvier 1738. afin d'interven-
tion, & Appellans defdites Sentences & Saifie, d'une part, &
lefdits Jurés de la Communauté des Fayanciers, Défendeurs
& Intimés d'autre part ; & entre ledit le Prefle, Demandeur
en Requête du treiziéme May 1740. d'une part, & lefdits Jurés de la Communauté des Fayanciers, Défendeurs d'autre
part ; & entre lefdits Jurés de la Communauté des Fayanciers-
Verriers-Emailleurs à Paris, Demandeurs en Requête du quinziéme Juin 1740. d'une part, & lefdits Maîtres & Gardes du
Corps des Marchands Merciers-Groffiers-Jouailliers de la Ville
& Fauxbourgs de Paris, & ledit de Prefle, Défendeurs d'autre
part. VEU par notre Cour le Procès-verbal de faifie faite le 14
Octobre 1737. à la requête defdits Jurés Fayanciers, en vertu

d'une Ordonnance du Lieutenant Général de Police au Châtelet de Paris, fur ledit de Prefle, en fa maifon & Magafin , de plufieurs & differentes marchandifes d'office en Criftal fondu dans les Manufactures de France, énoncées audit Procès-verbal, aufquelles auroit été établi Gardien. Sentence dont eft Appel, contradictoirement renduë par le Lieutenant Général de Police du Châtelet de Paris , entre lefdits Jurés Fayanciers & ledit de Perfle , le quinziéme Novembre 1737. par laquelle ladite faifie du quatorziéme Octobre précedent auroit été déclarée bonne & valable ; en conféquence , il eft ordonné que les chofes faifies feront venduës au Bureau des Fayanciers , pour les deniers en provenans , pour cette fois & fans tirer à conféquence , être rendus audit de Prefle , à l'exception de trente livres qui demeureront aufdit Jurez Fayanciers , par forme de dommages-interêts , & fait défenfes audit de Prefle de plus à l'avenir entreprendre fur la Profeffion defdits Jurés Fayanciers, & ledit de Prefle eft condamné aux dépens. Requête defdits Maîtres & Gardes du Corps des Marchands Merciers Grof-fiers-Jouailliers de Paris, du 21 Janvier 1738. tendante à ce qu'ils fuffent reçûs Parties intervenantes en la caufe d'Appel d'entre ledit de Prefle & lefdits Jurés Fayanciers , & Appellans de ladite faifie du 14 Octobre 1737. & de ladite Sentence du Lieutenant Général de Police du Châtelet, du 15 Novembre fuivant , il leur fût donné Acte de ce que pour moyens d'intervention ils employoient le contenu en leur Requête ; faifant droit fur leur Appel, l'Appellation & ce dont eft Appel fuffent mis au neant : Emandant, la faifie faite fur ledit de Prefle le 14 Octobre 1737. fût déclarée nulle , injurieufe , tortionnaire & déraifonnable, comme induëment faite fans droit , qualité ni interêt de la part defdits Jurés Fayanciers , fauf les dommages-interêts de la part defdits Jurés Fayanciers , fauf les dommages-interêts acquis audit de Prefle , défenfes fuffent faites aufdits Jurés Fayanciers de plus récidiver , ni de troubler à l'avenir ledit de Prefle & tous autres Marchands Merciers, dans le commerce des chofes faifies & dont eft queftion, à peine d'amende & de tous dépens, dommages & interêts , défenfes fuffent faites en outre fous les mêmes peines & telle qu'il appartiendra aux Maîtres Verriers - Fayanciers de s'immifcer à faire en quelque forte & maniere que ce foit, le commerce

defdites Marchandifes de Plateaux avec toutes les fournitures
& garnitures affemblées & adherantes à iceux , il leur fût enjoint de fe reftraindre à leur état & mêtier , & de ne faire débit que des Vafes & Criftaux, acceffoires feulement ; & au furplus lefdits Marchands Merciers fuffent gardés & maintenus
dans la liberté de leur commerce indéfini de la marchandife
de Plateaux en entier, par un compofé de toutes les Parties en
dépendantes , & ce, à l'exclufion de tous autres, & lefdits Jurés Fayanciers fuffent condamnés aux dépens. Arrêt de notredite Cour, du 3 Mars 1740. par lequel lefdits Maîtres & Gardes des Marchands Merciers auroient été reçûs Parties intervenantes & Appellans ; & pour faire droit fur les appellations,
enfemble fur la demande , les Parties ont été appointées au
Confeil & en droit & joint. Autre Arrêt de notredite Cour du
18 Mars 1740. par lequel il auroit été ordonné que les qualités du précedent feroient réformées, en ce qu'on y a employé
la Requête defdits Maîtres & Gardes des Marchands Merciers,
fous la datte du 4 Fevrier 1738. ce faifant , que ladite Requête demeurera employée fous celle du 21 Janvier audit an ,
fa veritable datte , & au furplus ledit Arrêt exécuté. Productions des Parties en axécution defdits Arrêts , celle dudit de
Preffe, par Requête du 13 May 1740. employée pour caufes
& moyens d'Appel , & contenant demande , tendante à ce que
l'appellation & ce dont eft appel fuffent mis au néant : Emandant, fans s'arrêter aux demandes defdits Jurés Fayanciers,
dont ils feront déboutés, la faifie faite fur ledit de Preffe le 14
Octobre 1737. de fes Plateaux & autres marchandifes fût déclarée nulle, injurieufe, tortionnaire & déraifonnable , main-
levée pure & fimple lui en fût faite à la repréfentation & dé-
livrance en fes mains, les Gardiens & dépofitaires contraints
par toutes voyes dûës & raifonnables , quoi faifant , dccchar-
gés , & lefdits Jurés Fayanciers fuffent condamnés en cinq
cens livres de dommages & interêts & en tous les dépens des
caufes principales , d'appel & demandes, défenfes leur fuffent
faites de plus troubler ledit de Preffe dans fon commerce, ni
d'ufer de pareilles voyes fous plus grandes peines , au bas de
laquelle Requête auffi employée pour écritures & productions
fur ladite demande eft appofée l'Ordonnance de notredite Cour
qui l'auroit réglée en droit & joint à l'Inftance , & donné Acte

de l'emploi. Sommations de fatisfaire à ladite Ordonnance. Requête des Jurés de la Communauté des Fayanciers, du 29 Mars 1740. employée pour caufes & moyens d'Appel & Avertiffement. Addition d'Avertiffement des Jurés Fayanciers, du 14 May 1740. Requête defdits Jurés Fayanciers, du 14 Juin audit an, employée pour réponfes aux caufes & moyens d'Appel dudit de Prefle. Défenfes à fa demande, du 13 May, écritures & productions fuivant l'Ordonnance au bas d'icelle. Requête des Jurés Fayanciers, du 14 Juin audit an 1740. employée pour contredits contre la production dudit de Prefle. Autre Requête des Jurés Fayanciers du même jour 14 Juin, employée pour réponfes aux caufes & moyens d'Appel des Merciers, & contredits contre leur production. Autre Requête des Jurés Fayanciers, du 15 Juin 1740. tendante à ce qu'en expliquant en tant que befoin les conclufions par eux prifes en l'Inftance, contre ledit de Prefle, & les Maîtres & Gardes du Corps des Marchands Merciers & dudit de Prefle, fur l'appellation dudit de Prefle, ladite appellation fût mife au néant avec amende ; ce faifant, il fût ordonné que les Arrêts de notredite Cour rendus entre lefdits Jurés des Fayanciers & les Maîtres & Gardes des Marchands Merciers, les neuviéme Avril 1704. & dix-huitiéme Décembre 1711. feront exécutés felon leur forme & teneur ; en conféquence lefdits Jurés & Communauté des Fayanciers fuffent maintenus & gardés dans le droit & poffeffion de vendre feuls en détail des Goblets, Soucoupes, Bouquetiers, Guéridons en Criftal, & toutes fortes de marchandifes de Verrerie & de Criftaux, autres que de Criftal de Roche, telles qu'elles fe fabriquent dans les Verreries & Manufactures de France & des Pays Etrangers, & à quelqu'ufage que lefdites Verreries & Criftaux puiffent fervir & être deftinées, & ledit de Prefle & les Merciers fuffent condamnés aux dépens, au bas de laquelle Requête auffi employée pour écritures & production fur ladite demande, eft appofée l'Ordonnance de notredite Cour qui l'auroit réglée en droit & joint à l'Inftance, & donné Acte de l'emploi. Sommation de fatisfaire à ladite Ordonnance. Production nouvelle des Jurés de la Communauté des Fayanciers, par Requête du 13 Juin 1740. contenant demande, tendante à ce qu'il leur fût donné Acte des déclaration & aveu faits par ledit de Prefle, par fes défenfes fournies au Châtelet le 30 Octobre 1737. il eft défendu aux Merciers de vendre en détail , & piéce à piéce , les marchandifes de la nature de celles fur lui faifies, que ce commerce eft réfervé aux Fayanciers ; & que s'il étoit prouvé qu'il eût vendu de ces marchandifes en détail , il y auroit lieu de foutenir qu'il avoit été en contravention ; en conféquence, fans avoir égard au furplus des défenfes dudit de Prefle , les conclufions prifes par lefdits Fayanciers leur fuffent adjugées avec depens , au bas de laquelle Requête eft l'Ordonnance de notredite Cour qui auroit reçû ladite production nouvelle, & au furplus réfervé à y faire droit en jugeant. Sommation de contredire ladite production nouvelle. Contredits des Maîtres & Gardes du Corps des Marchands Merciers, du 22 Juillet 1741. contre la production des Fayanciers. Production nouvelle des Merciers, par Requête du 3 Août 1741. Contredits des Jurés Fayanciers, contre icelle, du 18 Août dernier. Sommations générales de fatisfaire à tous les Réglemens de l'Inftance. Conclufions de notre Procureur Genéral ; tout joint & confideré : NOTREDITE COUR, faifant droit fur le tout, a mis & met les appellations au néant, ordonne que ce dont a été appellé fortira fon plein & entier effet, & cependant ne pourront les Maîtres & Marchands Verriers-Fayanciers-Emailleurs , vendre d'autres Plateaux que de Verre, Criftal, Fayance & Porcelaines ; fur le furplus des autres demandes, fins & conclufions, met les Parties hors de Cour & de procès, condamne ledit de Prefle & lefdits Maîtres & Gardes du Corps des Marchand-Merciers-Groffiers-Jouailliers en l'amende de douze liv. & en tous les dépens des Caufes d'appel, intervention & demandes. MANDONS mettre le préfent Arrêt à dûë & entiere exécution felon fa forme & teneur ; de ce faire te donnons pouvoir. DONNE' en notre Parlement le quatorze Juillet, l'an de grace mil fept cent quarante deux, & de notre Regne le vingt-feptiéme. Collationné. LE SEIGNEUR. Par la Chambre, Signé, DUFRANC.

La préfente Sentence & Arrêt ont été obtenus à la diligence des Sieurs LOUIS BRANLARD, LUCIEN-SIMON LE NEUTRE, HENRY HENRY, NICOLAS-JACQUES FRICOT, lors Jurés en Charge en l'année 1742.

Les préfens Statuts, Réglement, Sentences & Arrêts ont été réimprimés à la diligence des Sieurs Jurés en Charge ci-deffus nommés.